歴史文化ライブラリー

293

O脚だったかもしれない縄文人

人骨は語る

谷畑美帆

目　次

1　縄文時代の研究と古人骨——プロローグ

縄文時代ってどんな時代？

縄文時代は、考古学の中でもきわめて大きなウエイトを占めている。それは、約一万年という幅広い時間を有し、土器をはじめ多くの遺物が出土したり、住居址《じゅうきょし》や貯蔵穴などの興味深い遺構が確認されるからであろう。

また、日本国内はもとより諸外国における博物館の特別展において来館者の目を引くのは、縄文土器や漆製品の美しさである。こうした中でも、中期に相当する火炎土器の人気は高く、アメリカの富豪の中には、その完形品を約一〇〇〇万円で購入し、家宝の一つにしている人もいると聞く。

このように世界的に注目されている「縄文」という時代。いったいどんな時代だったのだろうか。決まった食料を確保することが難しく、彼らの平均寿命は約三〇年と短かったとされている。しかし、豊かな出土品からは、厳しい中にも彼らの日々の生活が潤っていたことが見てとれる。

縄文時代——その名の通り、縄の目模様（＝以下、文様と呼称）の付いた土器を使っていた時代、と答える人が多いだろう。しかし、それだけでは縄文時代を語ることはできない。というのは、こうした文様の付いた土器は、弥生時代になっても使われている地域は少なくないし、定義づけが難しいからである。

ヒトの骨から縄文時代をみる

天高く馬肥ゆる秋のある日、「貝塚の踏査に行きませんか」と誘われた。お天気に恵まれ、ドライブには最適の日和《ひより》だった。しかし、ご一緒させていただいた某大学の先生は、家族のことそっちのけで、出がけに奥さんにぼやかれたとか。

考古学者は、フィールド作業が多く、大学や研究機関での通常業務、及び文献収集等の他にやらなければならないことが多々ある。なので、仕方がない。のだが、家庭内のことにも気を配らないと大変なことになってしまうかもしれない。英国の考古学者などは、このあたりを心得ており、土日に学会があると「非常識」と怒り出すし、特に日曜日は家族サービスをするためにあるものという考え方がしみついている。もっともこういったことは現代の日本社会ではまだまだ難しいだろう。

なにはともあれ、週末の貝塚踏査は、千葉県の京成佐倉《けいせいさくら》駅から始まった。レンタカーを借りて犬吠埼《いぬぼうさき》を目指す。途中、千葉県神崎町の西ノ城《にしのじょう》貝塚に寄り、銚子市の余山《よやま》貝塚を見学。貝を拾う嬉《うれ》しさ、地形を確認する楽しさを味わった。この日は、普段あまり触れることのない隣接分野の研究者の方々から興味深い刺激を受けることができ、そこから自らの研究に立ち返る必要性も感じた。

初めての貝塚踏査。そしてこのとき、縄文時代のことを考えてみようと思った。これまでまったく勉強したことのない時代に挑むドキドキ感は否めない。が、私は、ヒトの骨から縄文時代とはどんな社会なのか、みていくことにした。

その日の夜、縄文時代の土器を研究している先生から「縄文時代の人骨をやってくれますか」と聞かれたので、即答した。

ヒトの骨は何を語るのか。骨から縄文時代を見てみるとどうだろうか。

縄文時代の人びとの骨は、硬く骨質がしっかりしている。そして、その中には、骨折やガンの所見など病気の痕跡をもっている骨も含まれている。そして、たとえ遺存状態の不良な人骨であっても、それは雄弁である。このような骨の雄弁さについては、これまで色々なところで語られてきたし、私自身も述べてきたつもりである。しかし具体的には、この時代の骨は私たちに何を語ってくれるのだろうか。それでは、これからヒトの骨を中心に取り上げ、縄文社会をみていくことにしよう。

縄文時代人と生活環境

古人骨からわかること

縄文時代の人骨

私は、これまで江戸時代の骨を見ることが多かった。そのため、最初、縄文人骨ってどんなものだろうか、と思った。一万年もある縄文時代。そして、こんなに長い期間を一つの時代にしてしまっていいのか、などと色々なことを考えたものだ。

「江戸に慣れていると、縄文の骨を見ると全部男にみえるかもよ」とも言われた。そこで、大学付属の博物館などに行って、縄文の骨をみせてもらうと、まさにそのとおり。個々の骨にある筋付着面はごりごりしており、彼らがいかにたくましかったかがわかる。そのため性別を判定する骨が遺存していないと、女性を男性といってしまうこともある。

筋肉がつく部分には、骨に突起（筋付着面ともいう）がある。この突起は、筋肉の発達が著しいと顕著になり、一般に男性では女性よりも、この突起形成は著しくなっている。そのため、寛骨《かんこつ》（骨盤を形成する骨の一部）など性別判定の決め手となる骨が遺存していない場合には、筋付着面の発達度合いによって、性別を推定している。例えば、三角筋粗面の発達が著しいと、その個体は男性といった具合である。しかし、江戸時代人骨のノリで縄文の人骨を見ていくと、性別判定については、注意しないといけないことがある。

例えば、縄文時代人骨の筋付着面の中でも特徴的なものである大腿骨《だいたいこつ》の後面にみられるピラスター（柱状突起）を見てみよう。大腿骨を横方向にど真ん中でカットすると、このような突起が確認される（図1）。

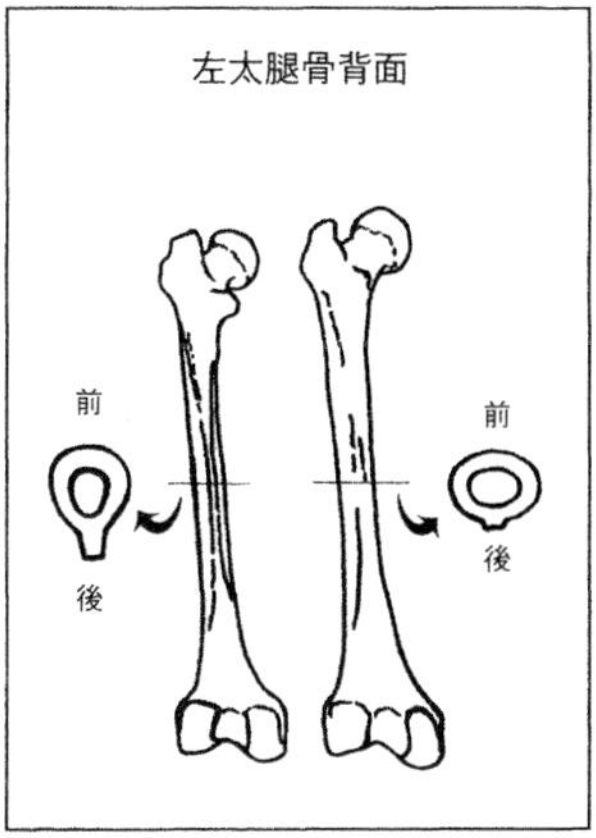

図1　縄文時代人と弥生時代人の脚
（溝口優司2005「骨を読む」『縄文VS弥生』国立科学博物館，後面に位置する突起がピラスター〈柱状突起〉）

現代の私たちにも、この部分には筋肉の付く付着面がある。しかし、これほど発達しているものにお目にかかることはない。そのため、柱状になったこのような突起が骨にあるということは、彼らの脚の筋肉がいかに発達していたのかを示すことになる。また男女を問わず筋付着面の発達は著しく、こうした部分のみで性別をみていくと女性を男性といってしまうこともある。そのため、性別判定に際して、寛骨以外の骨を用いるときには要注意である。

また、縄文人骨の場合、骨そのものの太さが太くなっていることもある。いうまでもないことだから、骨の太さが太いということは、その人物の体格の良さを示している。そのため、縄文人骨の多くは、非常にたくましい体つきをした人たちであったことを連想させる。

しかし、そうはいってもこれほど長期間にわたる縄文人骨のすべてが太いというわけではない。後述するが、がっしりした骨は、縄文時代中期以降の遺跡から出土するものに限られている。縄文時代の中期を境に、彼らの生活環境にどのような変化が生じたのか、詳細については不明である。が、彼らの暮らしぶりの変容を骨から垣間見ることも可能である。

遺存状態の良好な貝塚出土人骨

人骨が遺跡から良好な状態で出土するためには、ある種の条件が整わなければならない。例えば、その土壌が、骨の組織を破壊しにくいもの、すなわち、アルカリ性かやや中性に近いｐＨ値を示すことが望ましい。しかし、残念ながら、日本の土壌は、総じて、酸性に傾いており、中には火山灰そのものが土の中に混じったものもある。そのため、日本で出土する多くの古人骨の遺存状態・保存状態は良くない。大腿骨の関節面を観察しようとしても、そのすべてが遺存していることは少なく、背骨においても椎体《ついたい》が全部残っていることは珍しい。すなわち、骨に残された病気の所見を確認できない場合が往々にしてある。

こうした中でも貝塚から出土する人骨の遺存状態は、比較的良好である。これは当時の人びとが捨てた貝殻のカルシウム成分などが、人骨を守ってくれているからである。例えば、千葉県成田市の台方花輪《だいかたはなわ》貝塚における純貝層のpH値は、中性に傾き、やや高めであった。そのため、こうしたところから出土した人骨の遺存状態は良好と考えられる。

遺存状態の良好な人骨が出土するためには、この他にどのような条件が必要なのだろうか。骨などの自然遺物の遺存を考察する研究は、タフォノミーと呼ばれている。タフォノミーは、日本ではあまり聞きなれない研究分野であるが、ヨーロッパでは、この種の研究は盛んである。

私がかつて勤務していた英国の博物館にはタフォノミーを専門とする研究員がいた。彼女の名は、シルビア・ベロ。イタリアの大学で生物学と人類学、その後フランスの大学院

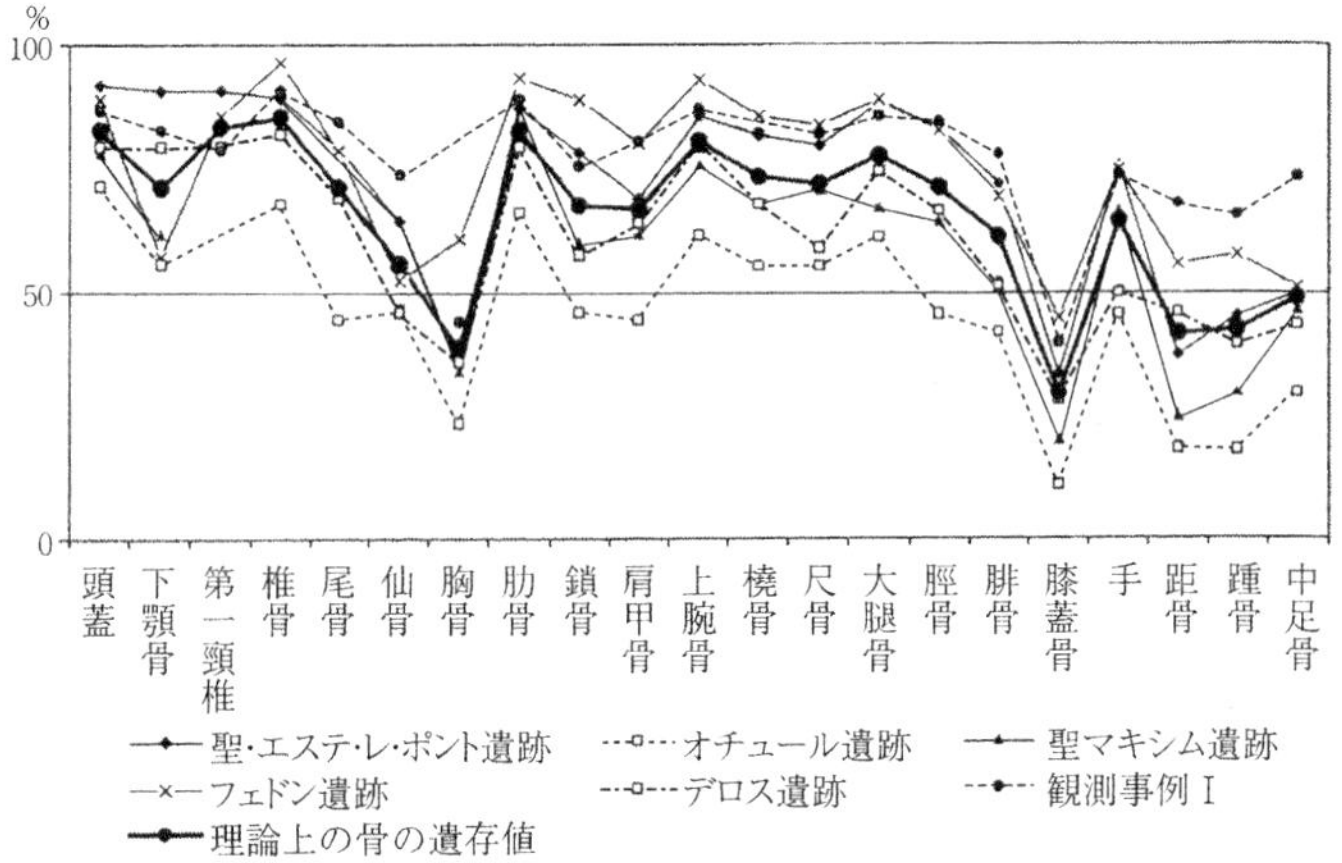

図2　部位による遺存状態の相違
（Silvia Bello 2002 La Conservation differentielle des os Humans Anthropologica et Prehistorica 113）

で人類学と化学を専攻し、学位を所得、英国自然史博物館の特別研究員として勤務していた。

彼女は、博物館に保管されている人骨資料を観察し、土圧などの影響を受けやすい骨とそうでない骨があるのか、骨そのものの総面積などを考慮しつつ、調査を実施していた。その結果、骨の遺存には、個々の骨の形態的特徴や皮質骨と海綿骨のバランスなどが関与していること、埋葬されている土壙《どこう》の深さ等によっても異なってくることなどが明らかにされている（図2）。

このような保存状態・遺存状態の良・不良を左右する骨そのものの特性を本質

的要因といっており、骨が遺存するための重要な条件の一つと考えられている。これに対して、骨の周りにある条件、土壌の粒度・含水率・成分がどうであるかをまとめたものを付加的要因といっている。すなわち、これら二つの要因が複雑に絡み合って、骨がどのくらい残るかということが決まってくるのである。日本の遺跡から出土する人骨では、こうした条件がうまく整わない。そのため、総じて状態が悪く、人骨を中心に話を進めていくことは、非常に苦しい。その結果、ある特定の遺構から出土する人骨のみを手がかりに何かを言うことにならざるを得ない。しかし、出土人骨を丹念に調べていくと、その遺存状態から当時の人びとがどのような埋葬行為を実施していたのかを考察することもできる。

例えば、関東のある特定地域における弥生時代に相当するお墓からは、選択した特定部位の人骨のみが埋葬されている。また、食用にされていた動物の骨では遺存している骨の部位によって、食肉の利用状況をみてとることもできる。

どんなものを食べていたのか

ある日、「昨日、何を食べましたか」とある学生に聞くと、こんな答えが返ってきた。

「朝は味噌汁とご飯に焼き魚、昼はサブウェイのサンドイッチと飲み物、夜はカレー」

私たち日本人の食生活は、第二次世界大戦（一五年戦争）の混乱が落ち着いた一九六〇年代頃から大きな変化をみせたと考えられている。欧米化の波に乗って入ってきたカロリー効率の良い食べ物。その結果、体形のみならず、二一世紀の日本人の顔立ちは、変化しつつある。

食生活は、人間が活動するのに密な関わりを持つものである。先日、ある栄養士さんから聞いたのだが、アメリカには「You are what you eat.（あなたは、あなたが食べたものでできています）」という言葉があるそうだ。すなわち、その人が食べたものは、その人の身となり血となり、骨となり、活力の源だということである。すなわち、自分が今後、どんな活動をしていきたいかを考慮しつつ、ご飯を食べるようにしないときちんと社会生活を営める人間にはなれないということをこの言葉は示しているのかもしれない。

青森市の三内丸山《さんないまるやま》遺跡の展示スペースの敷地内にある食堂「五千年の里」では、「首長御膳」なるものを出している（図3）。古代米を炊き込みご飯風に炊いて、副菜として山の幸、海の幸をふんだんに使ったボリューム満点のメニュー。総カロリーは、五九〇キロカロリーと低めに抑えられているにも関わらず、たんぱく質・マグネシウム・鉄・亜鉛・ビタミン群のバランスが良く、すばらしい。ただ、メニューの説明をしてくれた店員さんは、「現代

図3　首長御膳
(「五千年の里」にて給されているメニューの一つ)

風にアレンジしてありますから、昔の人々が全く同じものを食べていたかどうかは……」と話してくれた。そう、古代米が当時あったとは到底思えないし、全くその通りである。それでは、縄文時代の人びとは一体どんなものを食べていたのだろうか。もちろんこの質問をした季節や地域によっても答えは変わって来るだろう。が、少し考えてみようか。

縄文人の食材　貝塚から出土するものの多くは、獣骨・魚骨・貝類である。そのため、一九七〇年代まで、縄文時代の人びとは、肉や魚介類を中心に食生活を営んでいたと考えられていた。しかし、現在では、人骨における窒素や炭素の安定同位体分析などから、クリやクルミなどの堅果《けんか》類が彼らの主たる食料と考えられるようになってきている。

山野をかけめぐっていた縄文時代の人びとは、身近にある食材を調達・調理し、食べていた。その中でも、クルミ・ドングリ・トチノミといった堅果類は彼らの食生活の中心となっており、貝塚から大量に出土する貝は、これを補塡する形で摂取されていたようである。

堅果類は、廃棄する部分が比較的少なく、魚や肉類の約三倍、貝類では約一五倍に相当する。すなわち、これらを効率よく摂取することにより、彼らは必要カロリーを確保できていたと考えられる。

それでは貝塚から出土する貝殻は何なのだろうか。貝類の持つカロリーは堅果類などに比して低めで、同じだけの労働力をかけても摂取できるカロリーはその一割程度にしかならない。しかし、関東地方の沿岸部に位置する貝塚からは、貝類が出土することが多い。これらは一つの集落では到底消費しきれない大量の貝の残骸である。こうした事例の中には東京都北区の中里貝塚のように、二枚貝の剝《む》き身《み》や干し貝製作用の遺構が貝塚となったものもあるようだ。

また、貝塚が形成されている地域においても、そこに暮らしていた人びとがいつも貝類を食べていたというわけではない。例えば、貝塚の中には土器などが大量に出土しており、そこに人間が暮らしていた痕跡があるにも関わらず、貝殻が全く出土しない地域や時期があるのだから。そう考えれば、そこに暮らす人たちがいつも貝類を食べていたとは限らないのである。

たんぱく質源の魚類

縄文時代の人びとの食生活を支えたものとして忘れてはならないものに魚類がある。一九四〇年代に山内清男《やまのうちすがお》氏がすでに指摘していたことでもあるが、魚は縄文時代の人びとの食生活に重要なものであったとみなされる。また、松井章氏や金原正明《かなはらまさあき》氏の寄生虫に関する研究から、その中でも東日本ではサケ、西日本ではコイやアユの利用が顕著であったことも明らかにされている。

また松井氏は、貝塚から出土するサケ・マスの骨を精力的に調査し、内陸部と沿岸部の遺跡では骨の出土部位が異なることも指摘している。すなわち内陸部（サケ・マスの産卵場所に近い遺跡）では、歯と椎骨《ついこつ》の破片がほぼ同じような比率で出土している。これに対して、沿岸部では椎骨の破片だけが出土する傾向にあるという。サケ・マス類の頭の部分は、海岸部の消費地である貝塚にはほとんど持ち込まれることがなかったため、そこに捨てられなかったのであろう。

このような骨の出土部位の相違は、食料資源であるサケ・マス類の利用の仕方が異なるためと松井氏は考えている。つまり、内陸部では主として日干しや燻製《くんせい》によって保存食料として処理され、頭から尾まで廃棄されていたのに対して、沿岸部では、頭などが取り除かれた切り身だけが持ち込まれ、少しずつ消費されていたのではないかというのである。食材の中でも、海産物は、このように内陸部では沿岸部と異なった利用がなされていたと考えられる。

山岳地帯に位置する長野県高山村の湯倉洞穴《ゆぐらどうけつ》（神奈川県横須賀市の夏島貝塚より古い縄文時代草創期の層）からも、海産類が出土している。その中に少数ではあるが、エイの骨が混じっていることを樋泉岳二《といずみたけじ》氏は指摘している。こんな内陸でなぜと思ってしまう。しかし、エイは保存が利くため、内陸地域で食されることが多かった。現在でも、山形県や広島県などの内陸部では、エイが食されている。こうした自然遺物の出土例から、なんとかして海産物系のたんぱく質を摂取しようという縄文時代の人びとの努力がうかがえる。

たんぱく質の源である肉類の摂取も、健康を維持するためには欠かせない栄養源である。

私がかつて英語を習っていた先生はベジタリアンであった。が、たんぱく質摂取がうまくいかず、病気で休講となることが多かった。ベジタリアンの目的は宗教・健康・環境を考慮してと、さまざまであるが、雑食動物である人間の場合、肉や魚の摂取は、ある程度必要だと思う。

食性の地域差

前述したように、骨に遺存している炭素と窒素の安定同位体比を調べることによって、彼らがどのようなものを食べていたのかという食性分析が可能となる。その結果をもう少しみておこう。

例えば、長野県の山間部に位置する安曇野《あずみの》市の北村遺跡では、ドングリなどの堅果類が多いのに対して、北海道の沿岸部にある伊達市の北黄金《きたこがね》貝塚では海獣類が多くなっている。また福島県の沿岸部に位置する新地町の三貫寺《さんがんじ》貝塚では、シカやイノシシなどの陸上動物からたんぱく質を摂取することが多かったようである。そのため、昔の食べものを調べている南川雅男《みなかわまさお》氏は、後期の食性が内陸山地と海浜部で差があったことを指摘している。

さらに海岸部に位置する千葉県市川市の姥山《うばやま》貝塚出土例の調査を実施した米田穣《よねだみのる》氏によると、ここでは海産物とトチやドングリ・クリ等のC_3植物の比率が高くなっていた。また、姥山貝塚出土例などをさらに細かく見ていくと、縄文中期後葉から後期前葉にかけて食生

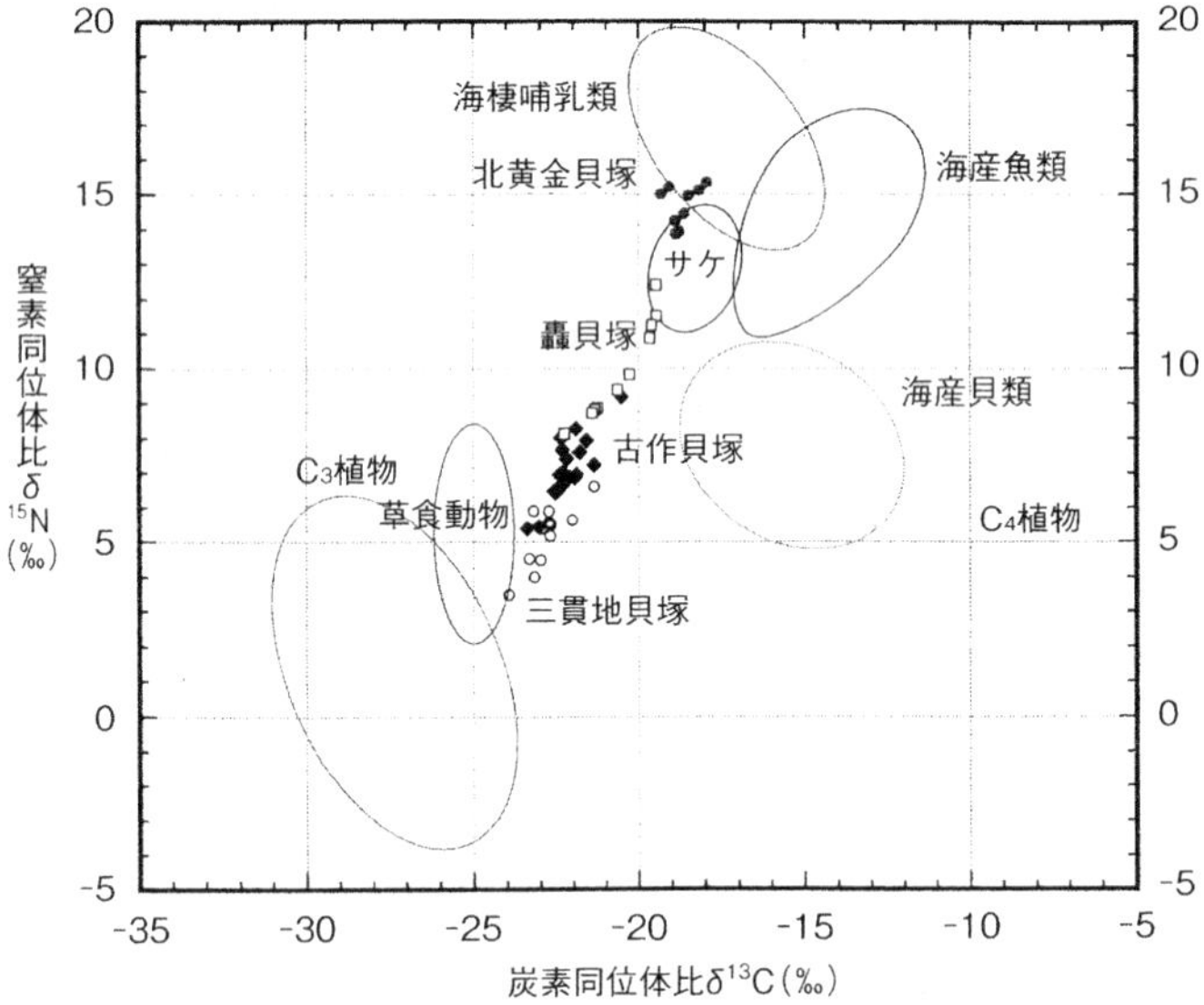

図４　縄文時代人の炭素・窒素同位体比
（吉田邦夫2008「縄文人の食性と生業」『季刊考古学』105号）

活が多様化し、海産物だけではなく、陸上の資源に強く依存した個体が目立つようになることも明らかにされている。このように遺跡ごとに検討していくと、食性の相違を確認できるのである。

また食性そのものを全体としてみていくと、測定値は右上の海産物から左下の陸上植物へと直線上に分布していることがわかる。そのため、縄文時代の人びとは時代を通じて、居住空間の立地等を加味しつつ、食生活を営んでいたと考えられるのである（図４）。

土器に付着したおこげを分析し

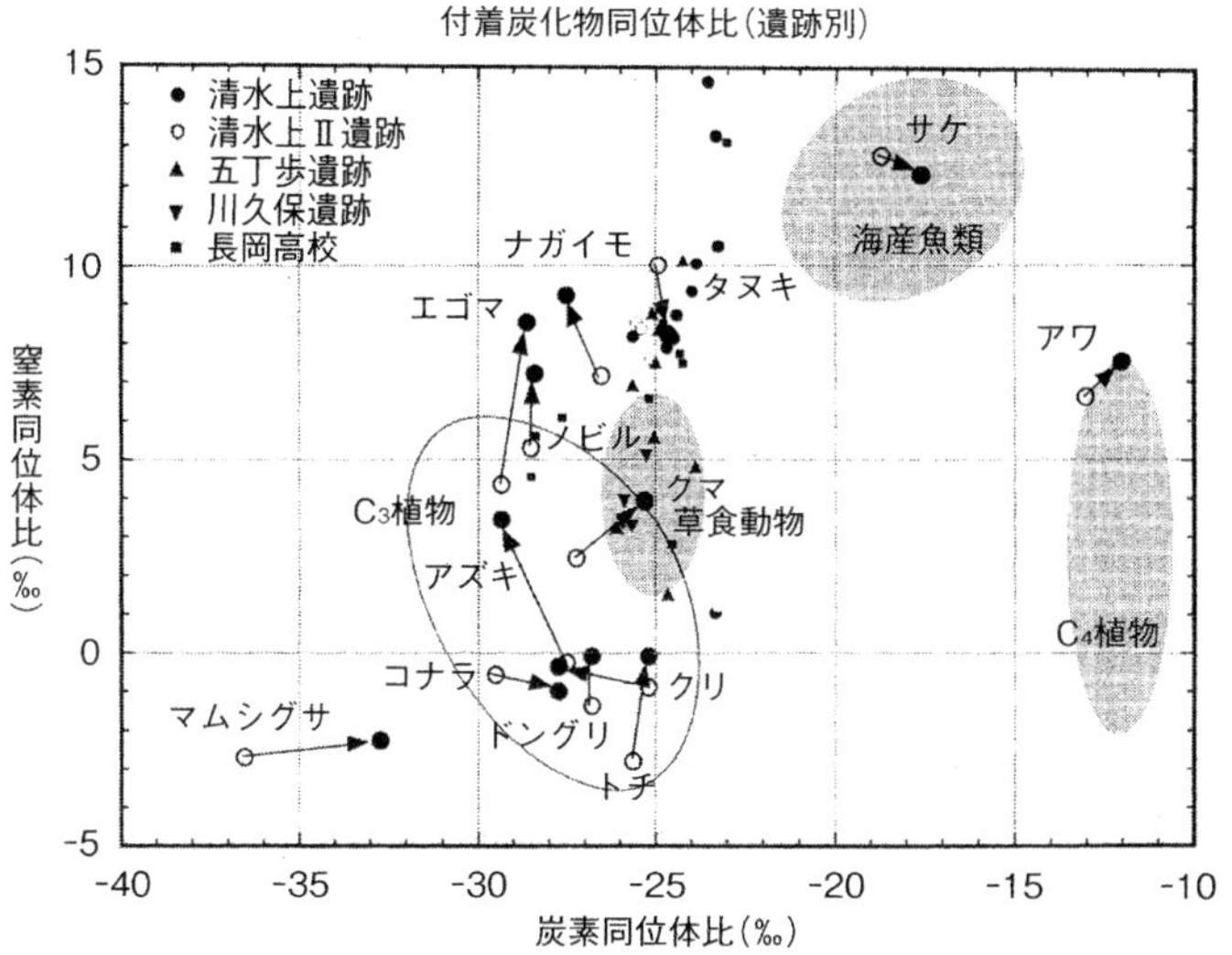

図5　煮炊き実験の炭素・窒素同位体比の変化と土器付着物
（吉田邦夫2008「縄文人の食性と生業」『季刊考古学』105号）

ても面白いことがわかる。年代測定と食性分析の研究を精力的に進めている吉田邦夫氏によれば、おこげは食材そのものを推定する材料として役に立つという。研究手順としては、ドングリなどの堅果類ほか約四〇種の食材を用いて煮《しゃ》沸《ふっ》、土器の中に入っている水分がなくなるまで炊く。その後、土器に残ったおこげから炭化後も窒素や炭素の安定同位体比に関する情報が残っているのかをみる。その結果、おこげであっても十分、安定同位体に関する情報が遺存していることが確認されている（図5）。

こうしたことを踏まえた上で、中期に特徴的な新潟県内から出土した火炎土器（約五〇〇〇年前）に付着したおこげの分析結果をみてみよう。その結果、新潟県内の五遺跡（魚沼市の清水上遺跡、南魚沼市の五丁歩《ごちょうぶ》遺跡、湯沢町の川久保遺跡、魚沼市の清水上Ⅱ遺跡、長岡市の長岡高校遺跡）では、土器の中で堅果類を単独で煮たのではなく、貝類などさまざまな食材を入れ込んで調理していることがわかった。装飾が多く施されている火炎土器は、ハレの土器とみなす考え方もあり、こうした調理方法が一般的なものではないかもしれない。が、当時の食の一端を復元できているとみてよいだろう。

縄文クッキー

「縄文クッキー」というものがある。初めてその言葉を聞いたとき、砂糖が焦げた香ばしく甘いお菓子を想像した。しかし、実態はまるで違っていた。縄文時代に砂糖があるわけもなく、お菓子であるはずがないのだが、なんとその中にはシカの肉などが入っていると聞いて驚いた。そして、それは決して甘くないご飯系のまさに食べ物なのであった。

この「クッキー」の成分をきちんと分析して、まじめに作ると決しておいしいものではないという。私の大学時代の同級生は、一般の方用の講座で作るときには、「色々なものを混ぜて、おいしくしているの」といっていた。そんなおいしくない縄文クッキーとは何か。それは、住居址などから出土するパン状炭化物あるいはクッキー状炭化物のことを指す。

山形県高畠町の押出《おんだし》遺跡からは、大小二種類のクッキー状炭化物が出土しており、それぞれに渦巻き模様が付いていた。堅果類や獣の肉などを混ぜ合わせ、すりつぶし、食べやすい形に整形したこうした炭化物は、本来は残存しにくいものである。そのため、出土総数は決して多いとはいえないが、丹念に発掘調査を実施、みていくとこの種の遺物が出土することもある。

押出遺跡から出土している石皿の中央部には、炭化物が付着しており、その部分は高温を受けて剝落している。こうしたことから、炭化物を熱するために石皿を用いて調理していたことが推測できる。以下、想定される縄文クッキーの作り方を示しておこう。

① ニホンジカ・イノシシなどの肉をたたいてミンチにして混ぜる。
② クリやオニグルミも砕いて混ぜる。
③ ①と②を混ぜて、つなぎに野鳥の卵を入れてこね、成形する。
④ 平たい石を火にかけ、石を熱くする。

⑤　石の上に③をおいて焼き上げる。

一〇〇グラムあたり四〇〇キロカロリーという比較的カロリーの高いこの食品は、縄文時代の人びとにとって、効率よく栄養を摂取できる優れた食品であったと考えられる。しかし、味は、というと実際に作ってみた方だけにわかることだろう。ぜひお試しいただきたい。

当然のことではあるが、これには調味料は何も入っていない。味付けがないので、食材そのものの風味を楽しんで食すということになる。栄養面ではすばらしく、体にいいことは間違いない。が、これははたして究極のメニューと呼べるのかどうか。

もっとも縄文クッキーの成分については、根拠となった脂肪酸分析の結果が不明瞭なものとなってしまった今日、堅果類以外の内容物については、実は怪しいところがある。しかし、今後の研究進展によって、縄文クッキーの中身はよりはっきりしていくことだろう。

一年を通じての食生活

現在の私たち同様、縄文時代の人びとも、春には潮干狩りをやることがあったろう。茨城県土浦市の上高津貝塚などでは、ヤマトシジミとハマグリの比率が全体として高く（約七〇％）、貝の成長線からこれらは春に捕獲されたものとされている。

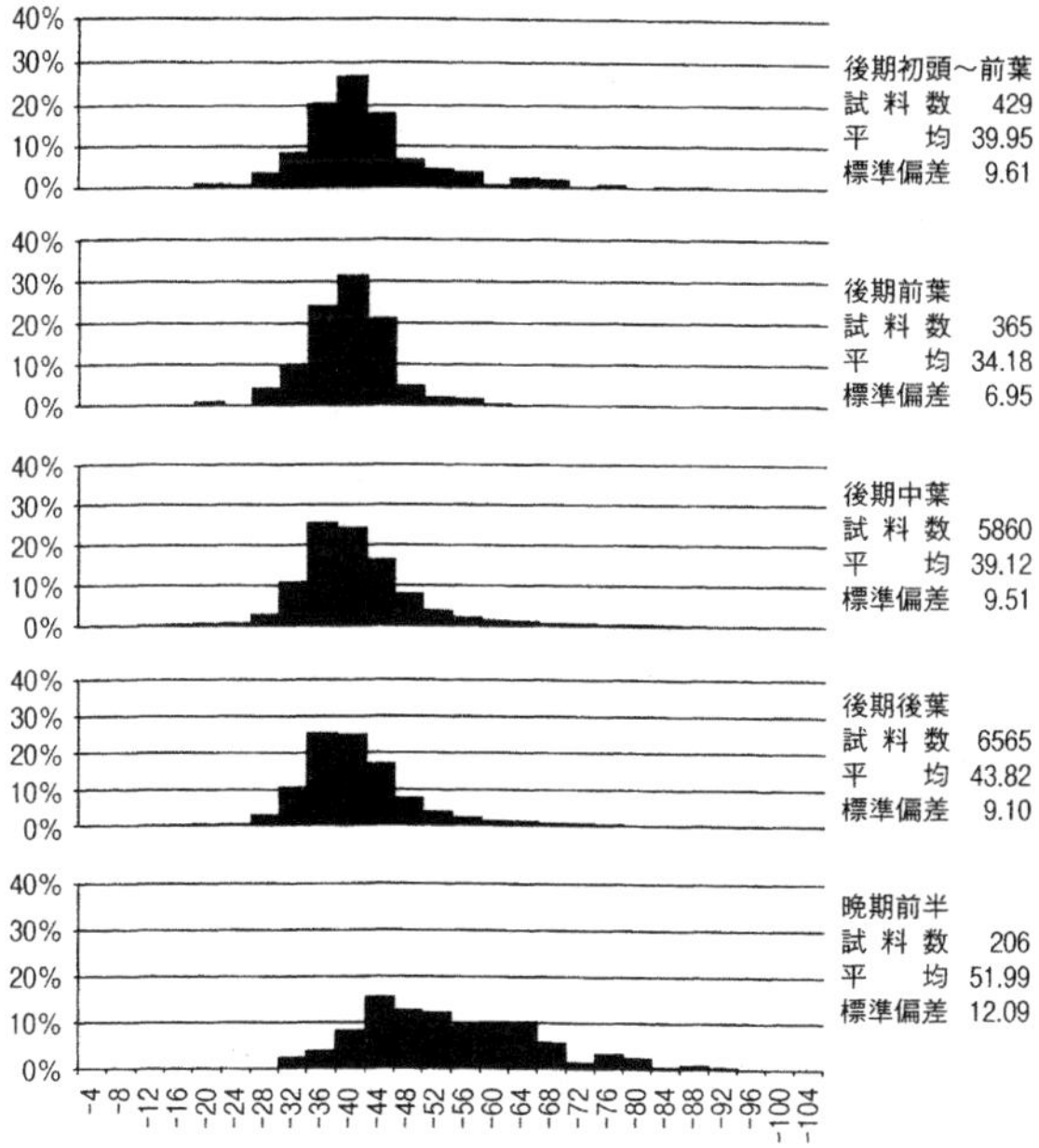

図6　千葉県西広貝塚出土のハマグリ殻長の変化
（西野雅人・樋泉岳二・岩瀬彰利2008「関東と東海の晩期貝塚」『日本考古学協会2008年度愛知大会研究発表資料集』）

成長線は、海水温度が高い夏の時期には広く疎になり、海水温度が低い冬になると狭く密になる。この法則にのっとって、貝の成長線を見ていくと、その捕獲の時期がわかる。また、魚介類には、それ相応の捕獲時期があり、素材となる食材によっては春に限らず、秋から冬の場合ももちろんある。

千葉県市原市の西広《さいひろ》貝塚から出土している貝類などでは、時期によって大きさが異なり、縄文後期より晩期の層から出土している貝のほうがその大きさが大きくなっていることがわかった。そのため、西野雅人氏や樋泉岳二氏は、貝類の捕獲に何らかの規制が生じ、食材としてこれらを管理していたと考えている（図6）。

東京都港区の伊皿子《いさらご》貝塚から出土している黒鯛の魚鱗成長線を分析した牛沢百合子氏は、漁撈活動に季節性があり、この種の漁が十月いっぱいで終了したと考えている。夏、黒潮に乗って回遊し、日本列島に近づいてきたカツオやマグロを食べ、旬の食材にこだわっていたのであろう。

神奈川県横須賀市の夏島貝塚の貝層からは、クロダイ・スズキなど東京湾を代表する内湾性魚類に加え、典型的な外洋性の回遊魚であるマグロ・カツオなどの魚骨も多数出土している。またカエリをもった見事な出来栄えの釣り針も出土している。こうしたことから、当時の人々が内湾から外洋に至る広い海域で、活発な漁撈活動を繰り広げていたことを物語っていると考えられる。

さらに青森市の三内丸山遺跡から出土した魚骨を鑑定した樋泉岳二氏によると、ブリ・サバ・マダイ・マダラ・ニシン・カレイ・ヒラメ・フグなど陸奥湾で獲れる主だった食用魚が前期の段階でほとんど揃っているという。またこの中には、回遊魚、磯魚・底魚類など生息環境や生活様式が異なる様々なタイプの魚が含まれており、大きさも小魚から二〜三メートルほどにもなる大型魚までバリエーションに富んでいる。さらにブリやサバの若魚など、網を使わなければ獲ることが難しい数十センチほどの小魚の骨も大量に出土しており、網を使った漁法の発達を示唆するものとして注目されている。

秋にはドングリの採集と貯蔵が実施されていたと考えられる。こうしたいわゆる堅果類は、すぐ食べる場合と貯蔵穴（断面がU型あるいはフラスコ型のもの）に保管し、少し経ってから食べる場合があったようである。堅果類の賞味・消費期限は比較的長く（ドングリなどでは一年ほど保存がきく）、この時期採集したものを少しずつ時間をかけて食べることが可能であったのであろう。

続く冬は狩猟のシーズン。シカなどを捕獲し、食べることもあっただろう。しかし、イノシシについては、飼育されていた可能性も指摘されている。例えば、東京都八丈島の倉《く》輪《わ》遺跡では、イノシシの骨が出土しているが、この島は、本州と陸続きになったことが一度もなく、もともとイノシシは生息していない。そのため、人間がこの島へ移住する際に、幼獣であるウリボウを舟にのせてきたと考えられている。同じく大島（東京都）においてもイノシシはもともと生息していなかった。こうしたことから、イノシシの飼育は前期にはすでに始まっていたとも考えられる。

このように今の私たち同様、縄文時代の人びともさまざまな工夫をしながら、豊かな食生活を営んでいたと考えられる。すなわち、食材となるそれぞれの生き物が最もおいしい旬の時期を見逃すことなく、彼らが美味を追求していたことがわかるのである。

動物たちへの感謝として

欧米には謝肉祭というものがある。肉を摂取することが多い彼らは、一年に一度自らの体を構築するために犠牲となってくれた動物たちに感謝する。ずいぶん前のことになるが、ドイツ人の知り合いに、肉食文化が浅い（?）私たち日本人は、肉を最大限に利用することなく、もったいない食べ方をしているといわれたことがある。その女性に聞くと、筋肉組織はもちろんのこと、彼らは臓器・血液にいたるまで、くまなく加工して無駄なく使い切ってしまうという。これにはびっくりであった。

しかし、日本列島に住む人たちに肉食に関する歴史がないかというとそうではない。仏教伝来等により、四足獣を食すことを避けていた時期は確かにあった。が、時期が古くなると、肉をしっかりたべていたのであるから。そして食材となってくれた彼らに感謝する行為等は何らかの形で確実に存在していたと思われる。

山梨県北杜《ほくと》市の金生《きんせい》遺跡における後・晩期層からは、火を受けたイノシシの下顎骨《かがくこつ》が土壙《どこう》内に約一三〇個体分並べられて出土した。これらの骨の多くは、生後約八ヵ月の幼獣であり、成獣にいたっては犬歯が抜き取られていた。こうした行為は、意図的な要素を含んでおり、単に食べたものを廃棄したとは考えにくい。このような不思議な様相を呈しているものに関して「祭祀的なもの」と安易にみなしてしまうのはよくないことだ。が、この場合は謝肉など、祭祀に関わるものだと考えておきたい。

シカやイノシシの肉は焼いて食べると非常においしい。しかし、こうしたおいしい獣ばかりを狙ってしとめていたら、獲物である彼らは危険回避のため遠くにいってしまう。こうなると遊動生活を余儀なくされ、定住した暮らしが営めなくなる。そのため、縄文時代の人びとは、食材となってくれた動物たちに感謝しつつ、シカやイノシシ以外のさまざま食材も利用して、食事を楽しんでいたと考えられるのである。

縄文時代の人口

縄文時代には日本列島にどのくらいの数の人間が住んでいたのだろうか。青森市の三内丸山遺跡には、前期中頃から中期末までの一五〇〇年間、同時に存在していた住居址が十数軒検出されており、そこには約五〇〇人の人びとが住んでいたと考えられている。

イタリアの経済学者チポラは、人類が過去に二つの大きな経済革命、すなわち農業革命と産業革命を経験したことを述べている。チポラの指摘を基に、日本における人口推移を見ると、過去一万年の間に以下のような四つの波があったとみることができよう。

1　縄文時代の人口循環
2　弥生時代に始まる波
3　一四・一五世紀に始まる波
4　一九世紀に始まり現代まで続く循環

古人口学にも詳しい小山修三氏は、当時どのくらいの人びとが住んでいたのかを縄文時

表1　縄文時代の人口と人口密度

	早期	前期	中期	後期	晩期	弥生	土師
東北	2,000 (0.03)	19,200 (0.29)	46,700 (0.70)	43,800 (0.65)	39,500 (0.59)	33,400 (0.50)	288,600 (4.31)
関東	9,700 (0.30)	42,800 (1.34)	95,400 (2.98)	51,600 (1.61)	7,700 (0.24)	99,000 (3.09)	943,300 (29.48)
北陸	400 (0.02)	4,200 (0.17)	24,600 (0.98)	15,700 (0.63)	5,100 (0.20)	20,700 (0.83)	491,800 (19.67)
中部	3,000 (0.10)	25,300 (0.84)	71,900 (2.40)	22,000 (0.73)	6,000 (0.20)	84,200 (2.81)	289,700 (9.66)
東海	2,200 (0.16)	5,000 (0.36)	13,200 (0.94)	7,600 (0.54)	6,600 (0.47)	55,300 (3.95)	298,700 (21.34)
近畿	300 (0.01)	1,700 (0.05)	2,800 (0.09)	4,400 (0.14)	2,100 (0.07)	108,300 (3.38)	1,217,300 (38.04)
中国	400 (0.01)	1,300 (0.04)	1,200 (0.04)	2,400 (0.07)	2,000 (0.06)	58,800 (1.84)	839,400 (26.23)
四国	200 (0.01)	400 (0.02)	200 (0.01)	2,700 (0.14)	500 (0.03)	30,100 (1.58)	320,600 (16.87)
九州	1,900 (0.05)	5,600 (0.13)	5,300 (0.13)	10,100 (0.24)	6,300 (0.15)	105,100 (2.50)	710,400 (16.91)
全国	20,100 (0.07)	105,500 (0.36)	261,300 (0.89)	160,300 (0.55)	75,800 (0.26)	594,900 (2.02)	5,399,800 (18.37)

注　(　) 内は1平方キロあたりの人工密度
(小山修三1984『縄文時代—コンピュータ考古学による復元—』中公新書733)

代の遺跡数から見ている。その結果、概算で次のような数値（前期一〇万五〇〇〇人、中期二六万一〇〇〇人、後期一六万人、晩期七万六〇〇〇人）が提示されている（表1）。

また、前期・中期・後期にわたって日本列島を眺めてみると、東西の格差は一三対一、中期に限っていうならば二三対一となっている。そのため、西日本に比して、東日本ではより多くの人間が住んでいたということになる。山内清男氏が述べたサケ・マス論などともかかわりがあるだろうが、明治時代に英国から日本にやってきたお雇い外国人のマンローも、縄文時代の遺跡は東高西低としている。

現段階では、西日本から環状集落は、確認されていない。これについて、谷口康浩氏は人口密度や社会構造の相違によるものと考えている。西日本でも、前期に釣り針や錘《すい》（おもり）などが東日本とおなじように出土しており、漁撈活動は活発だったと考えられるが、遺構からみると不思議なくらい、人口増には結びついていない。

こうした中で、矢野健一氏は、西日本で遺構検出が難しい理由を、縄文集落の全体像や住居等の配置についての具体像が定まっていないことなどによるとしている。また、西日本では集落が遺跡・遺構として検出されにくいことを指摘しつつ、下記のような特徴があることなどを指摘している。

① 規模が少なく、小さい
② 時期によって集落の立地が変化
③ 環状集落が認められない

発掘調査の進展によって、今後、西日本でも住居址が検出され、これまでの考察そのものを覆すような事例が見つかる可能性もある。そのため、この地域の縄文集落については、今後新たな視点でもって考察を進めていく必要があるだろう。

後・晩期に人が減る

今村啓爾氏は、西関東及び中部高地における住居址の数を土器型式ごとにみている。その結果、中期前半には前期末に比して年率〇・七三％、一〇〜一〇〇〇倍の人口増加があったと考えている。またこれに対して中期末になると、環状集落が解体し、小規模な集落に分散している。こうしたことからこの時期、人口増加にかげりが見られたと考えられている。

縄文時代後期（約四〇〇〇〜三〇〇〇年前）になると、縄文文化も転機を迎え、六三〇〇年前と考えられる最温暖期を境に寒冷化したようだ。また、今から三〇〇〇年前頃が最寒冷期と考えられており、人口も極端に減少しているという。

例えば、長野県では中期末（加曽利《かそり》E式期）には一〇五七あった遺跡が後期（堀ノ内Ⅰ式期）には三三八になっている。青森市の三内丸山遺跡なども、この時期、壊滅的な打撃を受けて、一五〇〇年間にわたる歴史を閉じているし、北海道東北部などでも人の痕跡が見えづらく、無人化したようだ。このように縄文社会は、後期になって停滞期から衰退期・崩壊期を迎えたと考えられる。また、気候変動と共に衰退していったのは縄文文化だけではない。例えば、三五〇〇年前の冷涼化、及び乾燥化はインドのインダス文明の崩壊等の契機となったというアメリカの人類学者コーヘンの指摘もある。

このように後・晩期に関東地方で人が少なくなったのは、気候変動やそれに伴う食料資源の枯渇によると考えられる。とすれば、彼らの健康状態は、あまりよろしくないものであったと推測される。しかし、その実態はどうなのか。この問いに答えることは容易ではない。というのはこの時期に相当する人骨、中でも晩期に相当する人骨資料が非常に少ないからである。また人骨が出土していたとしても遺存状態が不良であることが多く、健康状態を示唆する古病理学的所見に関するデータを得ることが難しくなっている。

また、関東地方の各地では、次のような事情がある。すなわち、縄文時代後期には人びとはいままでと違って、低地に住むようになり、竪穴住居址が検出しにくくなる傾向にある。そのため人口が減少したように見えるのだという指摘がある。とすれば、後期の住居址が確認されていないからといって、この時期に人口が減ったといいきってしまうのはやや早計だということになる。

このように、私たちは西日本における縄文集落同様、この時期では遺構検出のしづらさによってデータを提示しにくいという状況にあることを考慮しておかなければならないのである。

環境変化からみた縄文時代

温暖化がもたらしたもの

年々、桜の開花時期が早くなっている。二〇〇七（平成十九）年一月中旬、たまたま聴いていたCNNで「ニューヨークで桜が咲きました」と言っていた。一瞬、英語の聞き間違えかと思ったが、そのあと日本語でも同じことを言っていたので、誤解はなかった。別のニュースでは南太平洋に位置するツバル島が、海面上昇（＝海進）により、あと数十年で完全に海の底に沈んでしまうとも言っていた。このように、そこに暮らす人間がそう願わなくとも、目まぐるしく環境は変化していく。

このような気候変動は何も今に始まったことではない。今からはるか昔、約一万五〇〇〇年前（縄文時代草創期後半、夏島式期〜平坂式期）に始まった縄文時代にもこうした現象は見られた。海面上昇によって、低地に海が入り込み、海成沖積層が土砂として臨海の低地に堆積していった。そう、海進を伴う地球の温暖化は、頻発しているのである。

日本で研究をしていたイギリス人のミルンは、海岸線の移動を早くから指摘している。ミルンは、大森貝塚の崖下に海がきていた時期は、今から約三〇〇〇年前と推定している。また海進によって陸地内に進入した海が、その後、現在の海岸線まで後退していたと考え、千葉県の市川市などで遺跡が減る有楽町《ゆうらくちょう》海進が停滞、以後海退し、そののち最盛期を迎えたとしている。

ちなみに日本の研究者によって、縄文海進の研究が手がけられたのは、関東大震災（一九二三〈大正十二〉年）のことであるという。この地震で家屋の倒壊被害が海岸低地帯に集中したことを重くみた首都圏のお役人たちの要請により、海岸低地帯を中心に大規模なボーリング調査が実施された。その結果、この地帯は地表下一〇㍍から二〇㍍にわたって水分を多く含んだ軟弱な地層でできていること、その下には基盤といえるよく締まった地層があることがわかったのである。ちなみに、当時の環境についての知見を得たい場合には、土砂の中に含まれている貝類組成を調べていくのも有効である。

千葉県成田市の台方花輪《だいかたはなわ》貝塚（縄文晩期終末～弥生初頭、荒海四式期他）の貝層からは、一五種の陸産微小貝（いわゆるカタツムリ）が出土している。これらのカタツムリは、非常に小さなサイズ（殻径一～二ミリ前後）であり、当然食用ではなく、当時付近にすんでいたものが貝塚に残ったものである。これらの遺存体を鑑定した黒済耐二《くろずみたいじ》氏によれば、貝塚調査地点ごとに、その組成は大きく違っていたという。すなわち、ヒメベッコウ（貝塚からは多数得られる種で、現在も生息しているかどうかよくわかっていない種。円盤形で、平滑なのが特徴）属類似種やホソオカチョウジなどの人家周辺などの開けた場所にすむことが多いものと、ミジンヤマタニシやゴマガイなどの林の中にすむものの割合が高くなっているものに分けられる。そのため、前者の地点では、台地上の住居などがあったと考えられるところなので、その周辺は当然開けていたと考えられる。その一方で、後者の地点では、周辺を木々が覆っていたと考えられる。このように、微小な陸産貝類から、当時の景観が復元できる。

海進の最盛期

約六〇〇〇年から五〇〇〇年前（縄文時代の前期中葉、関山式期）になると、地球全体の温暖化がピークに達し、名古屋で台湾並みの暖かさになるまで、海進が進んだ（海面の高さは現在のプラス三メートル程）と考えられている。海岸付近には、おぼれ谷の地形が発達し、内湾や入り江がつくり出された（図7）。

このような地形図を見ると、昔と今の地形が信じられないほど違っていて、奥まで海水が入り込んでいることに驚かされる。すなわち、縄文海進がピークを迎えたこの時期、関

図7　約6000年前の関東地方における海岸線
（今村啓爾2002『縄文の豊かさと限界』
日本史リブレット2，山川出版社）

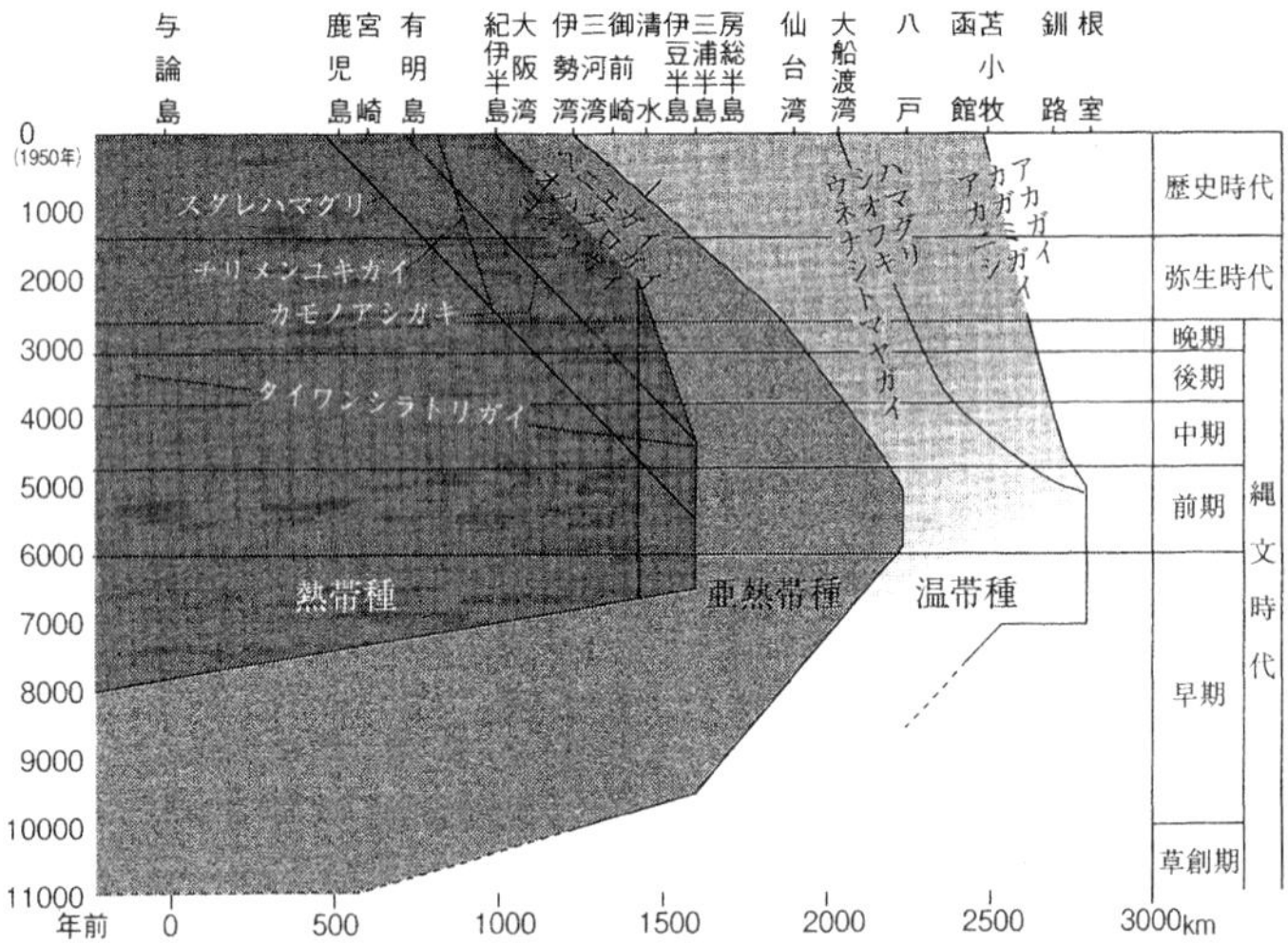

図8　1万年前以降の日本列島太平洋岸に見られる温暖種の消長
（松島義章2004「貝と考古学」『環境考古学ハンドブック』朝倉書店）

東地方で海水の及んだ範囲は現在の東京湾をはるかに越えて、江戸川の低地沿いに現在の栃木県南部まで、荒川低地沿いに現在の埼玉県川越付近にまで達していたという。このような暖かい気候下では、マガキやアサリ・ハマグリに混じって、ハイガイなど現在の南関東では生息していない貝類が確認されている。

さらに熱帯種・亜熱帯種・温帯種の三群の分布から、日本列島内における完新世の沿岸の海況変化を知る手がかりも貝類から得られている。例えば、縄文時代中期には亜熱帯種であるハイガイが青森県の八戸あたりでも確認されていた。が、晩期になるとハイガイは仙台湾あたりが北限となり、この種の貝の生息環境が変化していったことがわかるのである（図8）。

海面上昇は前期中葉にピークを迎え、新たな気候変動に伴い停止する。そのため以後、海退が進み、東京湾の奥まで湾入していた海岸線は後退し、奥東京湾が形成される。そして、海面の高さは低下し、日本列島は今とほぼ同様の形態をとるようになる。

海産物利用の痕跡が列島各地で広く見られるようになるのは、縄文時代早期末から前期（約七〇〇〇～六〇〇〇年前）のことである。そして、縄文時代の前期は、列島各地でこうした内湾における干潟の生態系の発達が進んだ時期である。この頃、外洋に比べて陸から流れ込む有機物や栄養分が滞留しやすい干潟に近接して、呼応するかのように東京湾沿岸などでは貝塚が形成されていく。

植生の変化

古環境の研究者である安田《やすだ》喜憲《よしのり》氏は、ナラやニレなどの落葉広葉樹が繁茂するのは約八〇〇〇年前（早期中頃）以降のこととしている。またいうまでもないことであるが、気温が上昇したといってもすぐさま植生が変化するわけではない。そのためには、植生が変化するに至るだけの環境ができあがらなければならないのであるから。そして、その多様性が縄文文化に大きな影響を与えているのである（図9）。

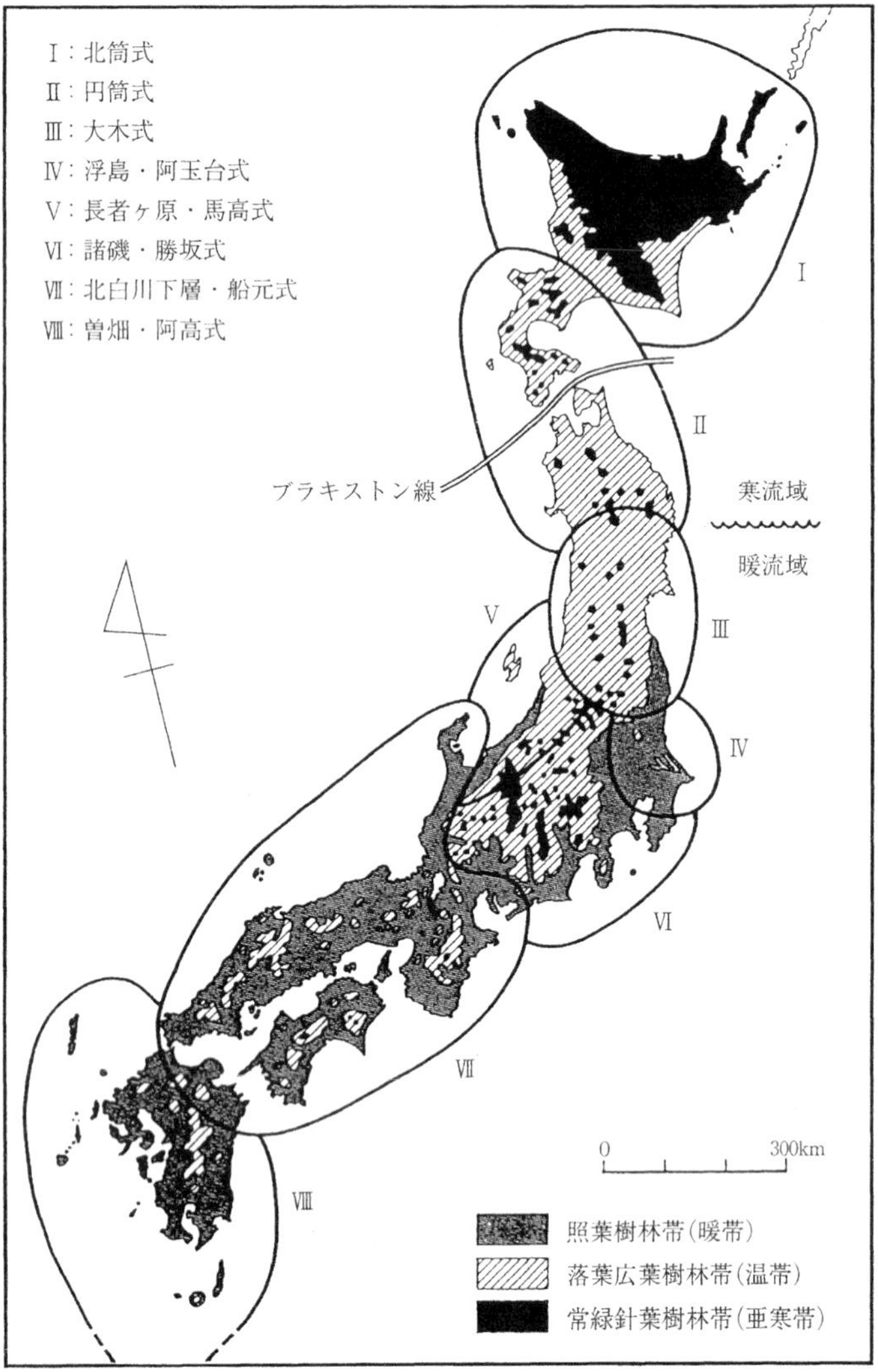

図9　縄文時代前・中期の小文化圏と自然環境
(渡辺誠1999「縄文人のくらし―植物食を中心に―」
『企画展　よみがえる縄文人』ミュージアム氏家)

気温の上昇により、約六〇〇〇年前の西日本は温暖湿潤な気候であったと考えられている。そのためこの頃には、西日本の海岸低地では広くカシやシイなどの照葉樹林の拡大が認められ、スギ林が拡大したとされている。また、このように温暖な気候は、縄文時代中期（約四〇〇〇年前）まで続いていたという。

春になるとスギ花粉症に悩まされる人は多い。このやっかいなスギは、約三〇〇〇万年前に出現し、氷河期や間氷期という気候変動に適応しつつ、日本に生き残った固有種である。マツ科ヒマラヤスギ目の針葉樹であるレバノンスギ（厳密にはスギではないといわれているが）は、かつて中近東一帯に自生していた。しかし、ガレー船建造などのため乱伐され、今ではレバノンの一部の保護地域で生息しているにすぎない。このように、針葉樹であるスギは、割裂性がよく、建築用材として古くから利用されてきた。福井県若狭町の鳥浜貝塚における早期の層（五〇〇〇年前）から出土している丸木舟などにも、スギは使われている。

では、縄文時代の人びとは、周辺環境とどのように関わって生活をしていたのだろうか。植物遺存体の研究者である佐々木由香氏は、関東平野における縄文時代の植物利用および活動空間を周辺の森林資源の様相から考えるために、種実や木材という双方の視点から植物資源を見ていくという新たな視点を持っている。前期以降、関東地方を中心に、建築用材として選択的に最も多く利用されていたのは落葉広葉樹のクリである。

クリからトチノキへ

縄文時代には、食用のものとしてクリやクルミ・ドングリ・トチノキという堅果《けんか》類が主体的に利用されていたことがわかっている。この中でも、クリに関しては、千野裕道氏などの指摘によって人為的な関与があったとされている。

これについては、山田昌久氏らも指摘していることであるが、割りやすい材であるクリは、耐久性があり水湿にも強いので盛んに利用されていたようである。しかし、前述したように、クリを優先的に用いるためには、人間が森林に手を加えない限り不可能である。が、こうした手間隙《てまひま》は前期以降実施されており、クリ属の優勢生育は、花粉増加などによって確認されている。こうしたことから縄文中期以降、一部の集落においてクリが優勢生育されていたと考えられている。青森市の三内丸山《さんないまるやま》遺跡から出土したクリのＤＮＡを分析した佐藤洋一郎氏もこれらが栽培種であるとしているので、クリはかなり積極的に育成されていたことがわかるだろう。

さらに今村啓爾《いまむらけいじ》氏は、後・晩期に生じた気候の寒冷化によって、クリの花粉が減少し、

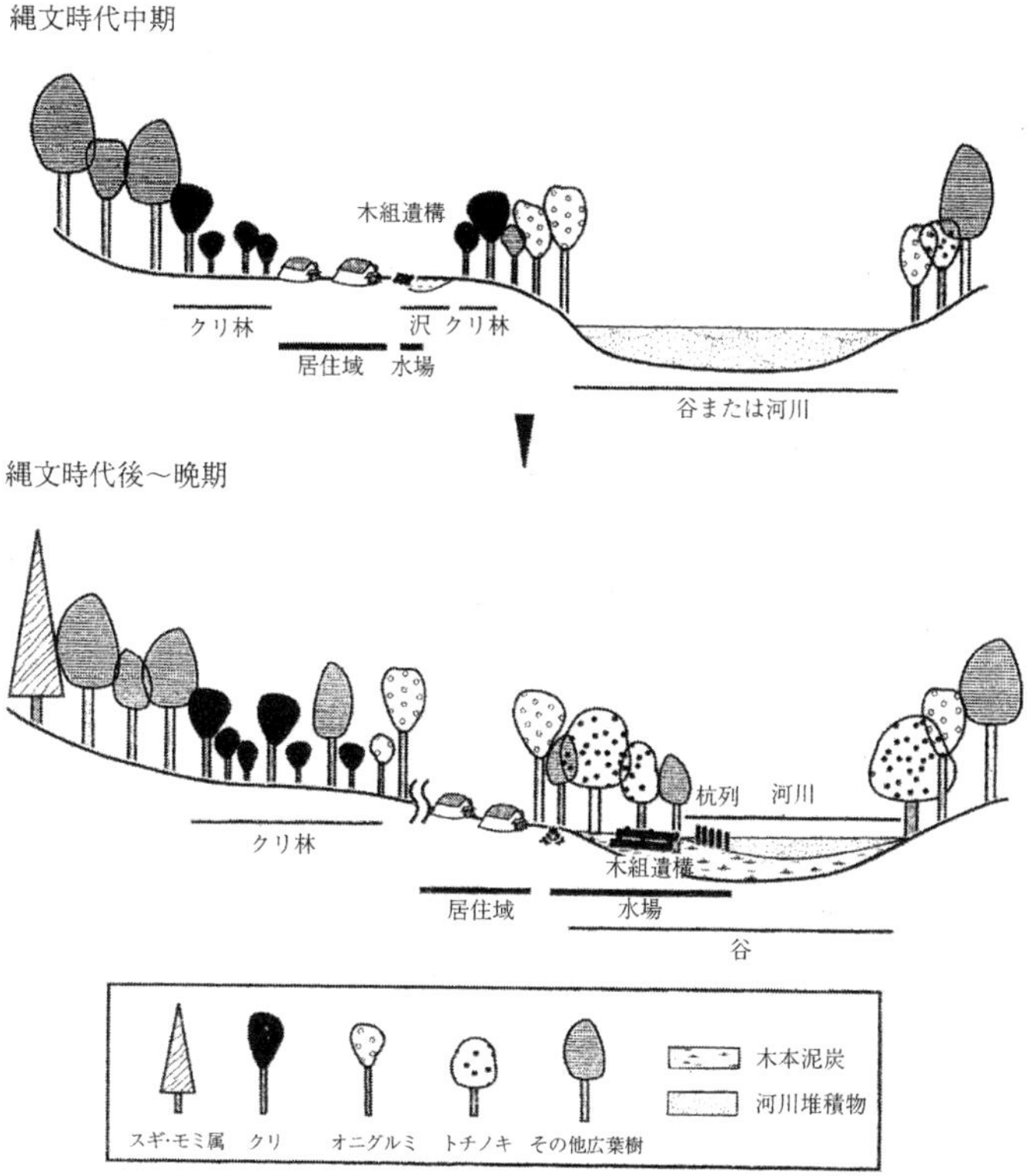

図10　関東平野における植生と居住域・水場の時期別模式図
（佐々木由香2007「種実と土木用材からみた縄文時代中期後半～晩期の森林資源利用」『縄文時代の社会考古学』同成社）

低地や台地においてトチノキの花粉が増加することによって、水さらし遺構での検出例などからトチノキ利用の本格化が生じたと考えている。そのため、これまで建築用材はこの時期になると、クリからトチノキへとシフトしていくと考えられてきた。しかし、中期後半から後・晩期におけるこうした入れ替わりは、単純なものではなく、木材資源利用の視点から見ると、関東平野周辺では、縄文時代を通じてクリが最も使用されていたことが明らかとなっている。

このように遺跡内の堆積物を花粉分析によってみていくと興味深い所見が得られる。しかし、こうした手法では、より台地に近い中期の遺跡で生息しやすいクリに比べて、斜面や低地に近い後・晩期の遺跡において生息しやすいトチノキが分析地点からの距離を反映してしまい、過剰に評価されているのではないかと佐々木氏は述べている（図10）。また、トチノキの種実利用の増加は、後期以降の低地部では湿地林が発達し、トチノキの生育しやすい空間が広がったという環境変化もその一因と考えられる。また植物資源には、建築用材と食料資源の二種類があり、それぞれの資源の獲得にかなった森林を擁し、多角的な植物利用を行っていたとも推測している。

一方、後・晩期になると、低地ではトチノキを用いた水さらし遺構が増加し、前述した

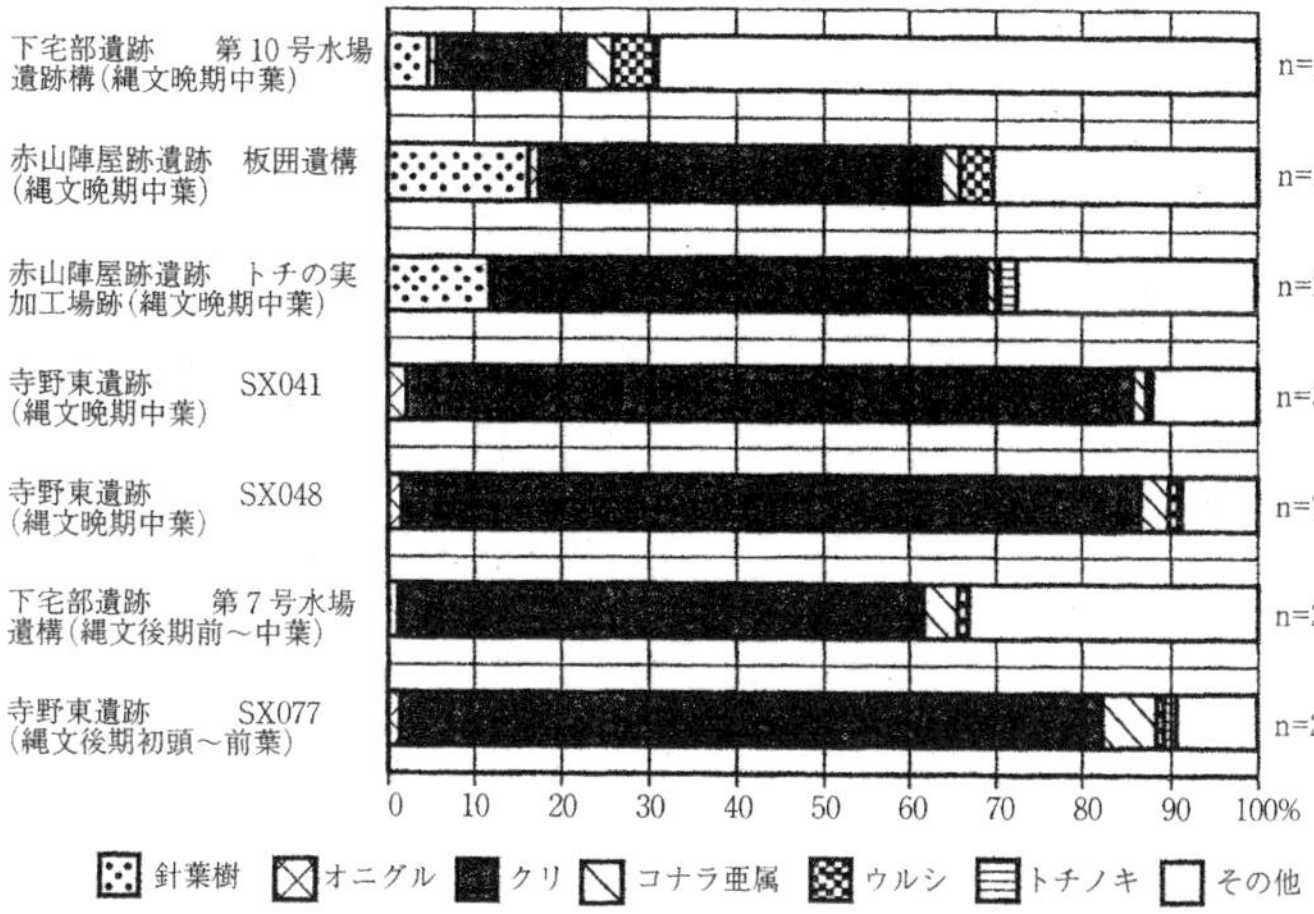

図11　水場遺構で同定された樹種の割合
(佐々木由香2007「種実と土木用材からみた縄文時代中期後半～晩期の森林資源利用」『縄文時代の社会考古学』同成社)

ようにクリからトチノキへのシフトが構図として描かれてきた。しかし近年、低湿地遺跡での調査が増加し、利用種実の資料が蓄積されたことにより、別の植物の利用体系が見えてきた。例えば、関東平野では、中期後半から晩期中葉にかけて低地に構築された水場遺構構成材や杭材などの土木用材には周辺の資源量を反映し、クリが選択的かつ大量に使用されていたことがわかってきたのである。また、特にこの時期に水場を利用する遺構が検出された関東平野の諸遺跡ではクリだけではなく、ウルシ材を活動域周辺に生育させていたことなども杭材や水場遺構構築材などの用材の樹種同定からも明らかにされている。

例えば、東京都東村山市の下宅部《しもやけべ》遺跡における縄文後期前葉の河道内で検出されたKA1—5杭群では同定された約五〇〇点中、クリが一〇〇点と最も多いのに続き、関東平野では木材としてはじめてウルシ七〇点が確認されている。また、クリ・ウルシと他の樹種とでは出土総数に大きな違いが認められることなどから、水湿に強い材質を持つクリとウルシが杭材として選択的に利用され、遺跡周辺に生育していたと推定されている（図11）。

採集から農耕へ

アメリカのガーデン・ライターであるローガンは、縄文文化に深く関わっていたドングリに注目している。彼は、氷河期の終わりごろ（一万五〇〇〇年前）から、この地に暮らす人びとは、ドングリ林に定住、栄養たっぷりで保存の利くドングリを食料としていたことから、この定住生活を礎に、作物を人工的に育てる栽培そして農耕へと発達していったと考えている。

カナダの考古学者ヘイデンの説も見ておきたい。彼は、採集狩猟民を利用資源によって一般狩猟採集民と複雑狩猟採集民に分けている。一般狩猟採集民は、変動の予測が難しい資源に依存して生活し、人口密度も低く（一平方キロあたり〇・一人未満）、遊動生活をしている。この場合、食料資源となる動植物は、成熟するまでの期間が長く、簡単な狩猟採集技術でも過剰摂取による資源の枯渇を招きがちであるという。そのため、過剰な資源の消費がないように、資源の均等な分配に基づく平等社会が発達すると考えられている。

これに対して、複雑狩猟採集民は、安定的な資源を利用している狩猟採集民で、人口密度も高く（一平方キロあたり〇・一人以上）、定住かこれに近い生活を営んでいる。こうした場合には、繁殖力が強く、成熟に要する期間が短い食料資源を利用しているため、資源の枯渇が生じる可能性はないという。またこのような社会では、階層化した複雑な社会組織を発達させることが多く、北アメリカの先住民の中には、こうした例が確認されているのである。

縄文時代に農耕が存在したのかどうか、その答えはまだ出ていない。縄文時代中期には農耕がすでに始まっていたとの指摘もあるが、ここではその問題についてこれ以上触れないでおきたい。

西アジアの南レバントなどでは、農耕が開始される直前において人口が増加していた可能性があるという。これは、遺跡の分布からの考察であるが、農耕により人口増加が生じたとするアメリカの考古学者ビンフォードや人類学者コーヘンの見解とは異なるものである。

古病理学的所見からみると、クリブラ・オルビタリアやエナメル質減形成などのストレス・マーカーが農耕開始によって増えていることも指摘されている。また、実際、農耕民が狩猟採集民に転じた例があることなどもオーストラリアの人類学者ベルウッドなどによって示唆されている。そのため、農耕がもたらしたものは、利点とはなんだったのかを再考察する必要はあるだろう。

また近年、栽培についての興味深い考察も最近なされている。山梨県内から出土している土器片に見られる種子圧痕を観察している中山誠二氏によると、甲府市上野原遺跡から出土した土器片（曽利《そり》V式、縄文時代中期末）にヤブツルアズキやリョクトウに類似したサゲ種がみつかっているという。この他、同じく県内北杜《ほくと》市の酒呑場《さけのみば》遺跡では、縄文時代中期後葉の遺構から大豆の圧痕がある土器片が出土しており、この時期の前後から野生種の他、栽培種のマメ利用が増えていくと考えられている。これまで縄文時代は、農耕以前の生業形態である狩猟採集に依存したものだと考えられてきた。しかし、ここで「栽培」という新たな生業形態を、今後考慮していく必要がでてきたのである。

縄文人の骨は語る

縄文人とは

縄文人はどこからやってきたのか

最近の子供たちの体形は、私たちの世代のものと大きく異なっている。脚が長くなってきているのは、ずいぶん前から指摘されてきたこと。だが、この他、顔が小さくなっているのである。こうした状況を顔の形態変化からみてきた原島博氏と馬場《ばば》悠男《ひさお》氏は、固いものを食べなくなってきたこと、顎の筋肉が衰えてきたことによるとしている。顔が小さくなると、顔面頭蓋《がんめんとうがい》、また頭蓋骨そのものにおける筋付着面があまり発達しなくなり、性差を頭蓋骨でみることが難しくなってくる。実際、二〇代の学生の中にも性別判定が難しい人も最近では多くなってきた。

また、足のサイズが大きく、小学校六年生でも私（二二・五センチ）より足が大きい子も珍しくない。昔からよく言われていることだが、両手を横に広げた長さと身長は同じ。そして足のサイズは前腕の長さに相当する。これに基づいて高身長の今の子供たちは、どのような体形なのかをみてみると、こんなことがわかる。そう、彼らは肩幅が、狭いのだ。今、同じ時を生きている私たちでも、世代によってこんなに差がある。とすれば、はるか昔の縄文時代の人びとはどうだったのか。

図12　縄文人女性復元想像図
（馬場悠男2005「顔を読む」『縄文VS弥生』国立科学博物館）

昨今推進されている遺伝学的研究成果により、縄文時代の人びとの一部は、北東アジアからやってきたと推測されている。実際、縄文時代の人びとの形質的特徴は、現代のアイヌの人びとと類似している。また、百々幸雄《どどゆきお》氏による形態小変異（遺伝的な要素を色濃く見出すことのできる特性）に関する研究からも、アイヌの人びとと縄文の人びとの類似性は指摘されている。そのため、アイヌの人びと同様、縄文時代の人びとも、二重まぶたで彫りが深く、眉《まゆ》や髭《ひげ》が濃かったと考えられる（図12）。

縄文時代の人びとの骨を現代の私たちと比べてみると、彼らの骨格は頑丈であり、健康なイメージすら漂う。しかし、実際には縄文時代の人びとの形質は一様ではなく、時期によって異なっている。すなわち、彼らの骨格は、縄文時代という長い期間において変化していったということになる。これは、彼らが経験した縄文海進などによる周辺環境の変化やそれに伴う生業形態の変化によるものとも考えられるだろう。

約一万年という長い時間軸を持つ縄文時代は、土器型式を中心とした編年作業により、草創期・早期・前期・中期・後期・晩期と大きく六つの時期に分けられている。しかし、この中でも草創期・早期・前期及び晩期に相当する人骨資料の出土総数は少なく、縄文時代全体としての形質的特徴を述べることは難しい。

こうした状況にも関わらず、人類学者の小片保《おがたたもつ》氏は、かつて縄文時代人骨を網羅的に集成し、その計測作業を実施した。そして、縄文時代人骨が中期を境として、華奢《きゃしゃ》から頑《がん》丈《じょう》へと変化していることを指摘している。

表2　四肢骨における計測値

	大谷貝塚 左	大谷貝塚 右	曲輪ノ内貝塚 左	曲輪ノ内貝塚 右	早・前期 (小片1981)
上腕骨					
4　下端幅		50.9	47.8	48.2	54.8
5　中央最大径	20.9	20.9	19.1	18.6	20.8
6　中央最小径	15.8	15.9	14.52	14.68	14.7
6／5　骨体断面示数	75.6	76			70.6
大腿骨					
6　骨体中央矢状径	27.5	28.5	19.5	18.59	28.3
7　骨体中央横径	23.9	24.3	21.0		23.6
8　中央周	80	79.8			83.4
6／7　骨体中央断面示数		116.2			120.2

時期によって形質の異なる縄文人骨

前述したように、中期を境に、縄文人骨は全体として華奢から頑丈へと変化しているのだが、それでは実際に、時期が異なると形質的特徴がどのくらい異なるのかを見ておきたい。ここでは、茨城県美浦村の大谷《おおや》貝塚から出土している男性人骨（前期、植房式期）と千葉県佐倉市の曲輪《くるわ》ノ内《うち》貝塚出土の女性人骨（後期、加曾利《かそり》BⅢ式期）を取り上げ、計測値を比較してみる（表2）。

提示した二つの資料は、性別が異なっているが、いずれも計測値が小さめであり、華奢な個体である。また、上腕骨についても、前期の男性人骨は、後期の女性人骨と変わらないくらい華奢であることもわかる。このように時期が異なると同じ縄文時代人骨であっても、その形質的特徴が異なっているのであ

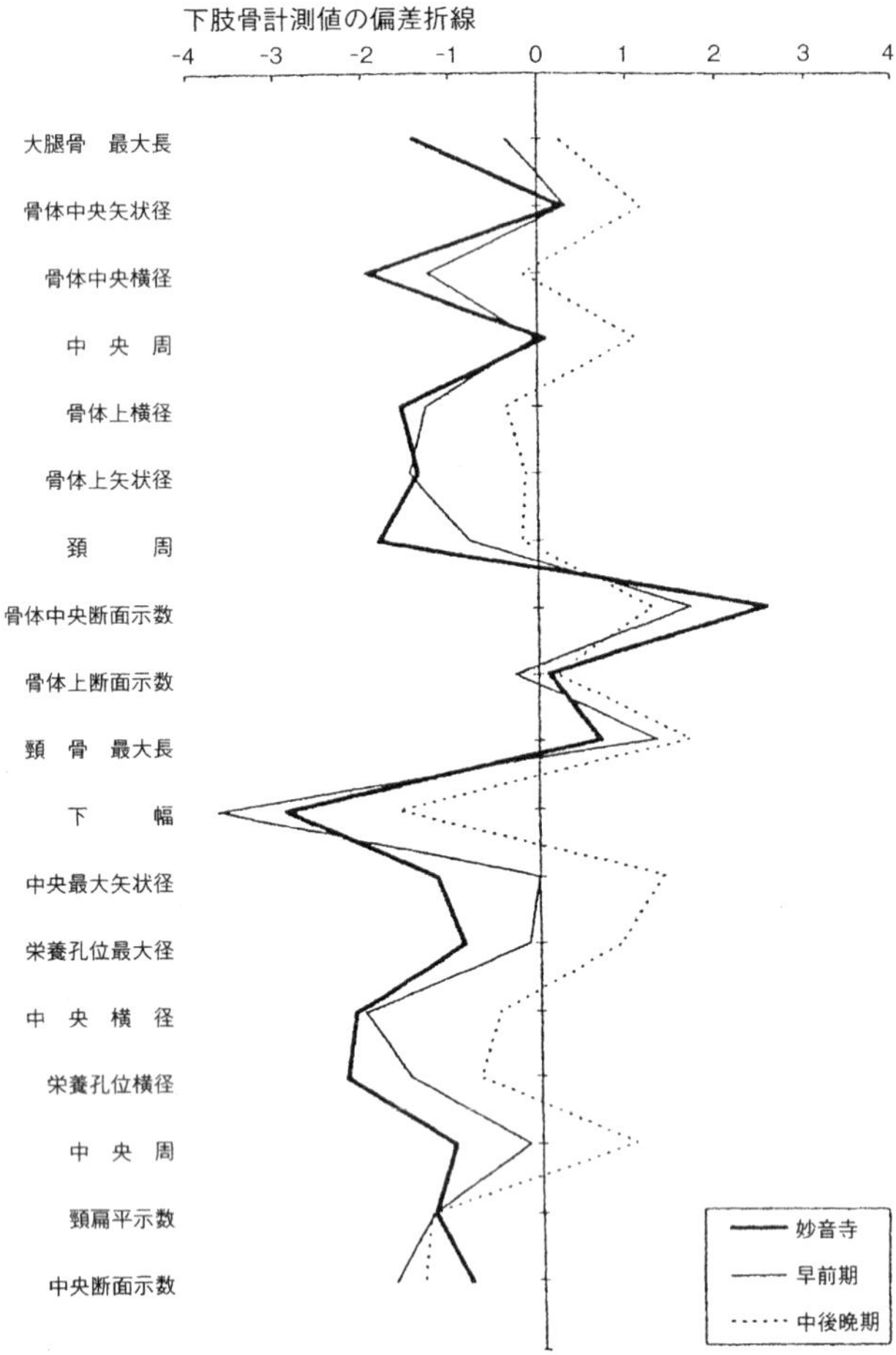
下肢骨計測値の偏差折線
-4
-3
-2
-1
0
1
2
3
4
大腿骨　最大長
骨体中央矢状径
骨体中央横径
中　央　周
骨体上横径
骨体上矢状径
頚　　周
骨体中央断面示数
骨体上断面示数
脛　骨　最大長
下　　幅
中央最大矢状径
栄養孔位最大径
中　央　横　径
栄養孔位横径
中　央　周
脛扁平示数
中央断面示数
妙音寺
早前期
中後晩期

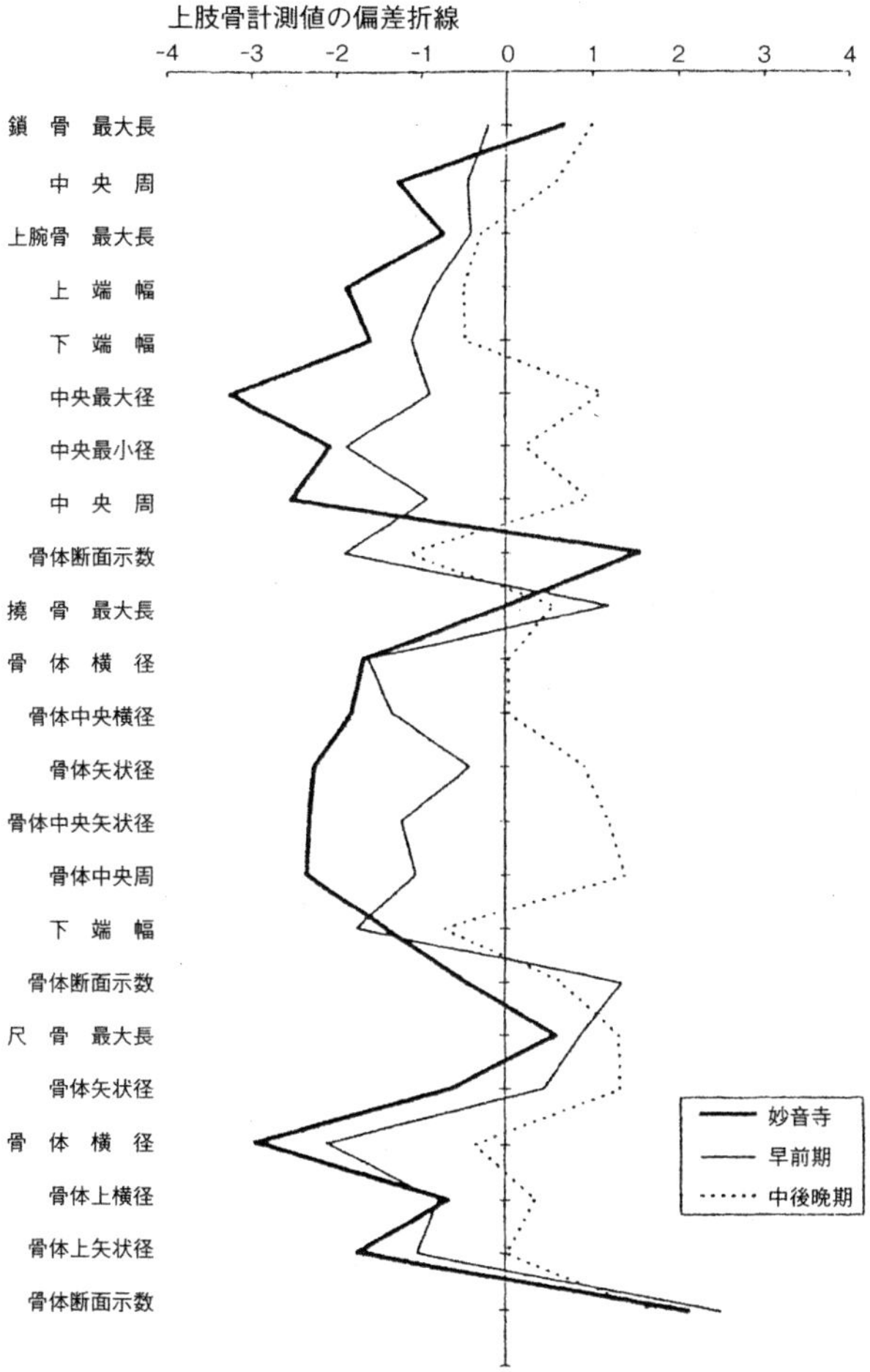

図13　上肢骨と下肢骨の偏差折線
(馬場悠男・坂上和弘・河野礼子・加藤久雄1999「妙音寺洞穴遺跡出土の縄文時代早期人骨」『埼玉県埋蔵文化財調査事業団報告書第209集　妙音寺／妙音寺洞穴』財団法人埼玉県埋蔵文化財調査事業団)

る。

ここで推論したような頭蓋骨を含めた中期以前に相当する人骨の形質的特徴については、内陸地域に居住している人たちの特徴ではないかとも考えられてきた。が、観察資料となる人骨資料が少しずつ増えていくことによって、現段階では、時期的な形質的特徴とみなされるようになってきた。すなわち、早期に相当する人骨は、頭蓋の顔高が低く、四肢骨は総じて細く、中でも特に上肢骨が華奢であることなどが指摘されているのである。

このように縄文中期以前と以降の人びとでは、顔面頭蓋に関しても大きな違いがある。すなわち、小片保氏が指摘しているように、早・前期人骨の場合は、中後期人骨に比して、顔面が上下に小さく寸つまりになっているのである。

さらに、下肢骨、すなわち足の骨では偏差折線のパターンは、縄文時代を通じて一貫しているのに対して、手の骨、すなわち上肢骨では、偏差折線のパターンが大きく異なることが指摘されている（図13）。

このように偏差折線のパターンが異なる一因としては、下肢骨に影響を与える生活環境は、縄文時代を通じ変化しなかったものの、上肢骨に関わる生活環境だけが大きく変化したことを示唆しているとされる。

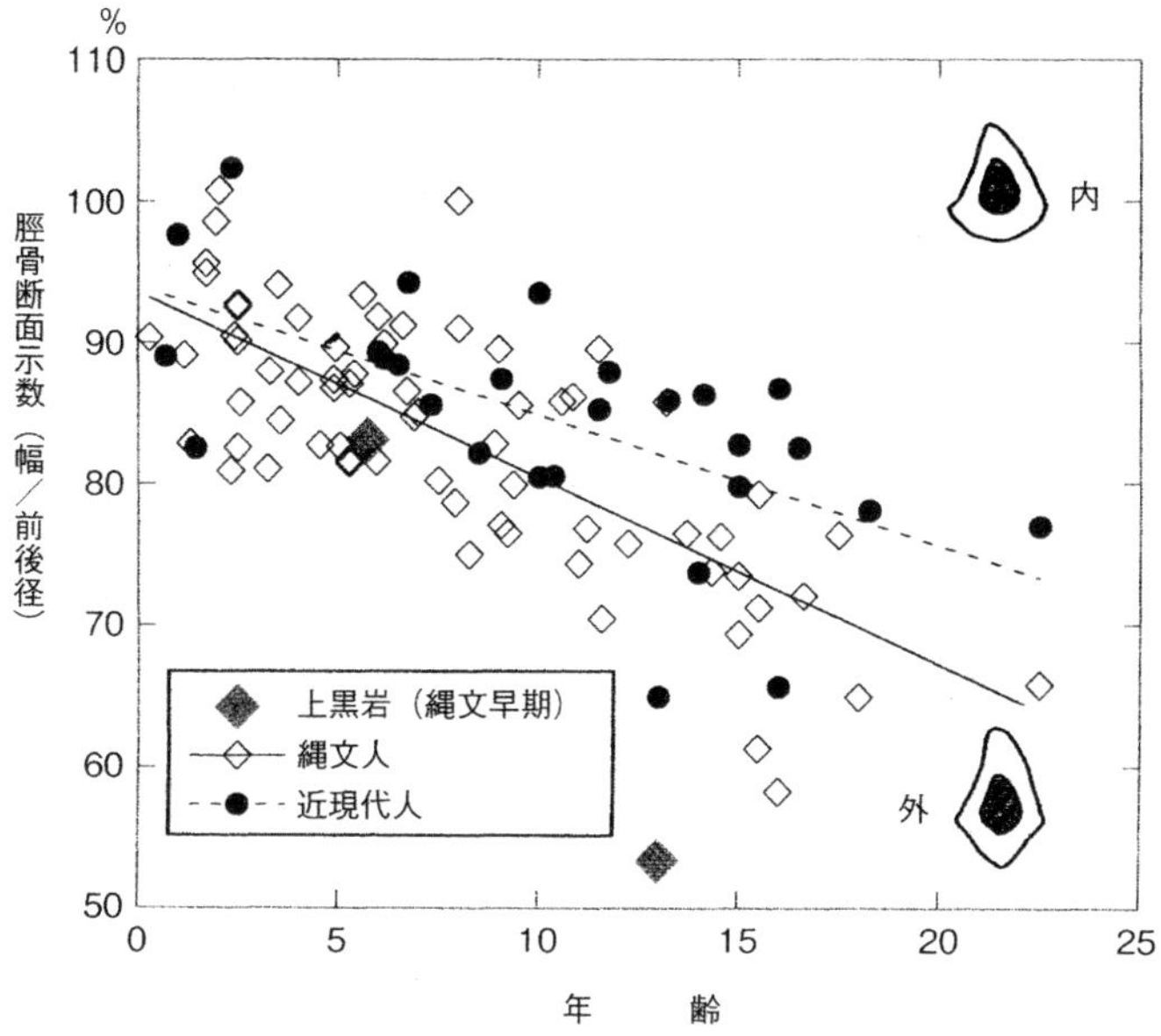

図14　脛骨扁平性の成長変化
（岡崎建二2006「上黒岩の子ども」『歴博』139号）

このような縄文時代の人びとの生業形態の変化は、中期後葉以降から生じたと最近では、考えられる。

これまで成人骨の場合、人類学者の木村賛《きむらたすく》氏が述べているように、前期の場合、脛《すね》の骨が細く扁平《へんぺい》（幅が小さい）であることが指摘されてきた。これはできるだけ小さい骨量で前後方向にかかる大きな力に耐える構造となっているからと考えられ、扁平脛骨は、限られた食料資源の中で遊動する生活に適したものと捉えることができるとされた。

それでは未成人骨ではどうか。未成人骨は、出土している総数が少ないので、詳細については不明な点が多い。こうした中で、岡崎健治氏は、扁平脛骨《けいこつ》が成長期においてどのように形成されたかを検討している。その結果、縄文時代の場合、脛骨の扁平性は、近現代人と比較すると、乳幼児期ではほとんど認められず、加齢と共に強まり、思春期以降から顕著になることがわかってきている（図14）。

著しい歯の咬耗

次に歯についてみてみる。現代の私たち日本人が一般に鋏状咬合《はさみじょうこうごう》（上顎《うわあご》の歯が下顎の歯に少しかぶさる）を示すのに対して、縄文時代の人びとの咬合の多くは、鉗子《かんし》状咬合（上顎の歯と下顎の歯が接する）である。

また、縄文時代の人びとの歯を見ていると、象牙質《ぞうげしつ》がばっちり露出しており、咬耗《こうもう》（すりへりのこと）が著しい資料が目立つ。中には、今の私たちがどのようなことをしてもこうはならないだろうという激しい咬耗をもつものも含まれている。こうした場合、象牙質の露出はさることながら、歯冠（歯の白い部分）の半分以上が著しい磨耗によって喪失してしまっているものも確認できる。

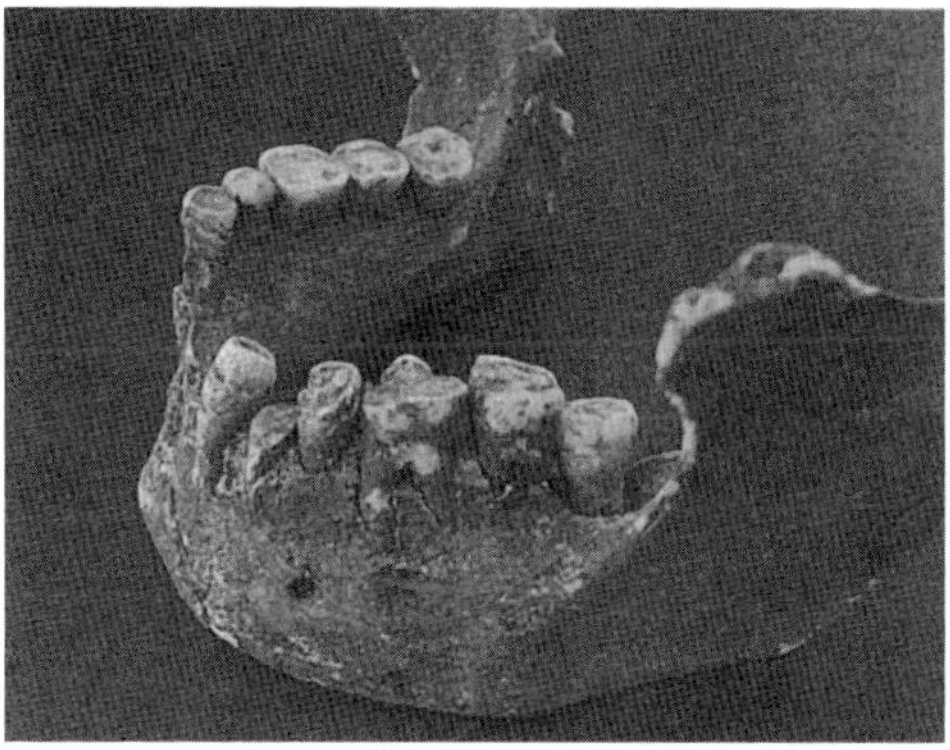

図15　歯の咬耗の著しい男性人骨
（茨城県大谷貝塚出土例）

このような著しい歯の咬耗も、実は時期や地域によって異なる。人類学者の山口敏氏が述べているように、一般に、歯の咬耗は前期に相当する人骨資料では著しく、中期以降になると緩やかになる。例えば、茨城県美浦村大谷貝塚出土例の場合、歯の咬耗は総じて激しい。しかし、この場合、すべての歯が一様に磨耗しているのではなく、ある一定方向に向かって咬耗が進行していることがわかる（図15）。すなわち、左側の歯（犬歯～第二大臼歯）を中心に著しく（ブロカの三度）、後方に向かうにつれて咬耗の程度が緩やかになっているのである。これに対して、右側における歯（第一小臼歯～第三大臼歯）では咬耗の程度が比較的緩やかなものとなっている（ブロカの二度）。

このように歯の咬耗が著しい個体においては、顎《がく》関節症の所見が観察されやすく、咬耗とかみ合わせには相関があることもわかっている。例えば、市川市の姥山《うばやま》貝塚出土例（後期前葉に相当）には、本所見を持つ個体が確認されている。しかし、ほぼ同時期に相当する茨城県取手市の中妻貝塚A土壙出土例では、こうした所見は確認されておらず、歯の咬耗も緩やかである。そのため、咬耗には地域差があったと考えられる。

歯の著しい咬耗は、日本以外では、古代エジプト新王国時代（BC一五七〇―BC一〇七〇年頃）の墓地でも確認されている。イギリスの人類学者フィラーによれば、彼らの歯の咬耗は、著しく歯科疾患も多くなっているという。これは彼らが石臼でひいた粉を用い、石を含んだ粉を用いて焼かれたパンを食していたことによるとされている。

このような例をみると、縄文時代の人びとの著しい歯の咬耗についても、堅果類をすりつぶす際にすり石の一部が混じった結果と考えてもいいのかもしれない。

先述したように、酸性に傾いている日本の土壌では人骨の遺存状態は総じて良くない。しかし、こうした中から親族関係を追求する研究が実施されている。

DNA分析や歯冠計測値からわかること

特に歯冠における計測値をみていくことによって、親族関係を指摘できる。何本かの歯種の組み合わせをみていくと、すなわち個体間に親子・キョウダイ（親を共通にする男女）の血縁関係がある場合、歯冠近遠心径（歯列方向の歯の幅）の相関関係の数値が高くなる。これを用いて、関東の貝塚から出土した人骨資料に血縁関係があるかどうかといった検討も行われた。

千葉県市川市には姥山貝塚・曽谷《そや》貝塚・向台貝塚・堀ノ内貝塚・今島田貝塚といった複数の貝塚が、比較的近接して存在する。これらの遺跡から出土している縄文人骨の歯冠計測値を提示した近藤修氏によれば、同一遺跡内より遺跡間における近縁性の方が高い。それぞれの集団において食料獲得などによるテリトリー確保の問題はあったと考えられるが、近い遺跡の間で近縁性があることは興味深い。さらに、骨の病気については、市川市内におけるこれらの貝塚から出土している遺跡ごとの相違は確認できていないものの、時期的な相違は認められている。

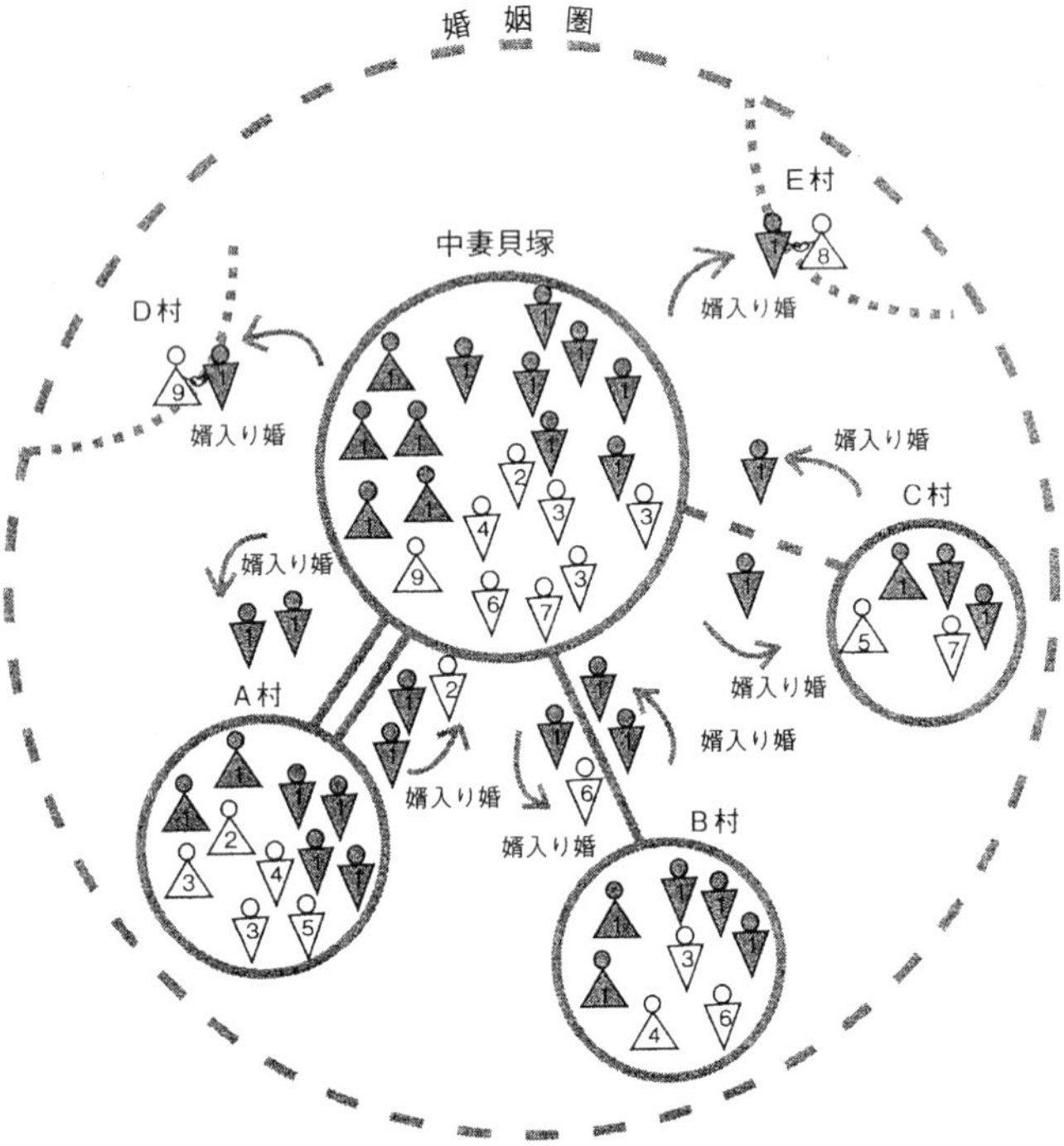

図16　ミトコンドリアDNAでみる縄文時代の通婚圏
（篠田謙一2008「縄文時代のミトコンドリアDNA分析」『縄文時代の考古学』10，同成社）

※ ▽ は男性，△ は女性を示す
番号はミトコンドリアDNAのハプロタイプを示す
A～C村はハプロタイプ1を主体とする同一系母集団を
D・E村は違うハプロタイプを主体とする母系集団を示す

取手市の中妻貝塚Ａ土壙からは縄文後期初頭（堀ノ内Ⅱ式期）の人骨一〇〇体以上がひとつの小さな土坑（直径約二メートル弱）からまとまって出土している。これらの人骨は、再埋葬されたものであり、血縁関係の有無が気になるところである。そのためここでも歯冠計測値を用いた分析が松村博文氏を中心に実施されている。その結果、中妻貝塚人は相関の高い五つのグループに分類され、このうち血縁関係を構築している可能性が大きいのは二つのグループに属する人々であった。

中でも、五例ある抜歯された人骨が他の被葬者とは血縁が薄い傾向を持つことなどもＤＮＡ分析を実施した篠田謙一氏によって明らかにされた。

さらに、土坑中の各個体の埋葬位置と血縁関係に注目したところ、家系ごとにまとめて再埋葬されたのではなく、埋葬及び再埋葬は、むしろ生活を共にする家族を中心に行われたと推測された（図16）。ＤＮＡは、親から子へと受け継がれていくものだが、中でもミトコンドリアＤＮＡは核のＤＮＡとは異なっており、一つの細胞に多数存在している。またこれは、受精卵の中でも生き残るもので、母親から代々、受け継がれるという性質があるため、母方由来の先祖を探ることができる。

現代日本人に関しても、ミトコンドリアＤＮＡの解析が進められているのだが、その結果、現代日本人の大半は、主に一六のグループに分けられ、その中には中国北部で生まれ、朝鮮半島を経由して日本に入ってきたと考えられるグループや、東南アジアから日本に入ってきたと考えられるグループ、また北方から入ってきたと考えられるグループなどがあることがわかった。そこはDNA分析をすると先述した中妻貝塚集団の約半数は、同一母系であることが明らかとなっている。これに対して、この母系に属さない人たちを見ると、一例を除いてすべて男性であった。このようなことから、中妻貝塚集団では男性が結婚後、女性の村に居住するという「婿入り婚」がとられていたと考えられるのである。

抜歯

歯の遺存状態は、骨などと比べて良好であることが多い。また、こうした中でも歯槽の部分が遺存していると、歯が人為的に抜かれたか、そうでないかがわかる。

生前、虫歯や歯周病などの歯科疾患に罹患していた場合、歯が抜け、歯槽が閉鎖してしまうこともある。が、縄文時代の人骨の中には、健康な歯を意図的に抜いているものも含まれているようである。健康な歯を無理やり抜くことは大変な痛みを伴い、そのためこうした行為はこれまで通過儀礼の一つなどとも考えられてきた。そしてこれを人類学者や考古学者たちは「抜歯」といっている（図17）。

歯の中でも、上顎側切歯（上顎の中心より後ろにある前歯）を抜くのは、縄文時代中期末に東北地方で始まり、後期になると上下顎の犬歯を抜く例も確認されるようになった。また、抜歯の所見は、後期以降、東北地方だけでなく、北海道から関東地方、さらに西日本の各地にまで広がっていったといわれている。

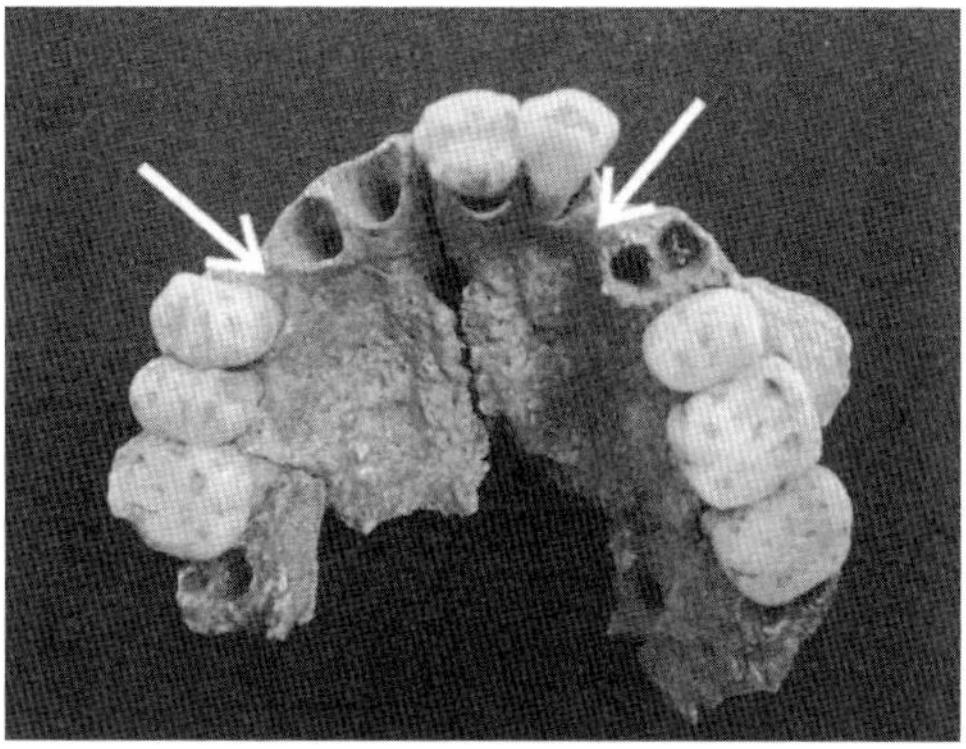

図17　抜歯の所見を持つ女性人骨
（千葉県曲輪ノ内貝塚出土例）

抜歯に詳しい春成秀爾《はるなりひでじ》氏は、初期の段階では歯が左右ほぼ同じ割合で抜かれており（狭型の抜歯）、性差がないとしている。この場合、彼は抜歯をその集団内において成人に達したことを示す通過儀礼の一つと考えているのである。

春成氏によれば、縄文時代後期中頃から後半になると、抜く歯の本数が増え、上顎の左右犬歯、上下顎の左右四本の犬歯など広範囲にわたって歯が抜かれる（広型の抜歯）ようになる。このように第三者から認識しやすい切歯や犬歯の抜歯は、婚姻などにより他の集団から移住してきた者を示

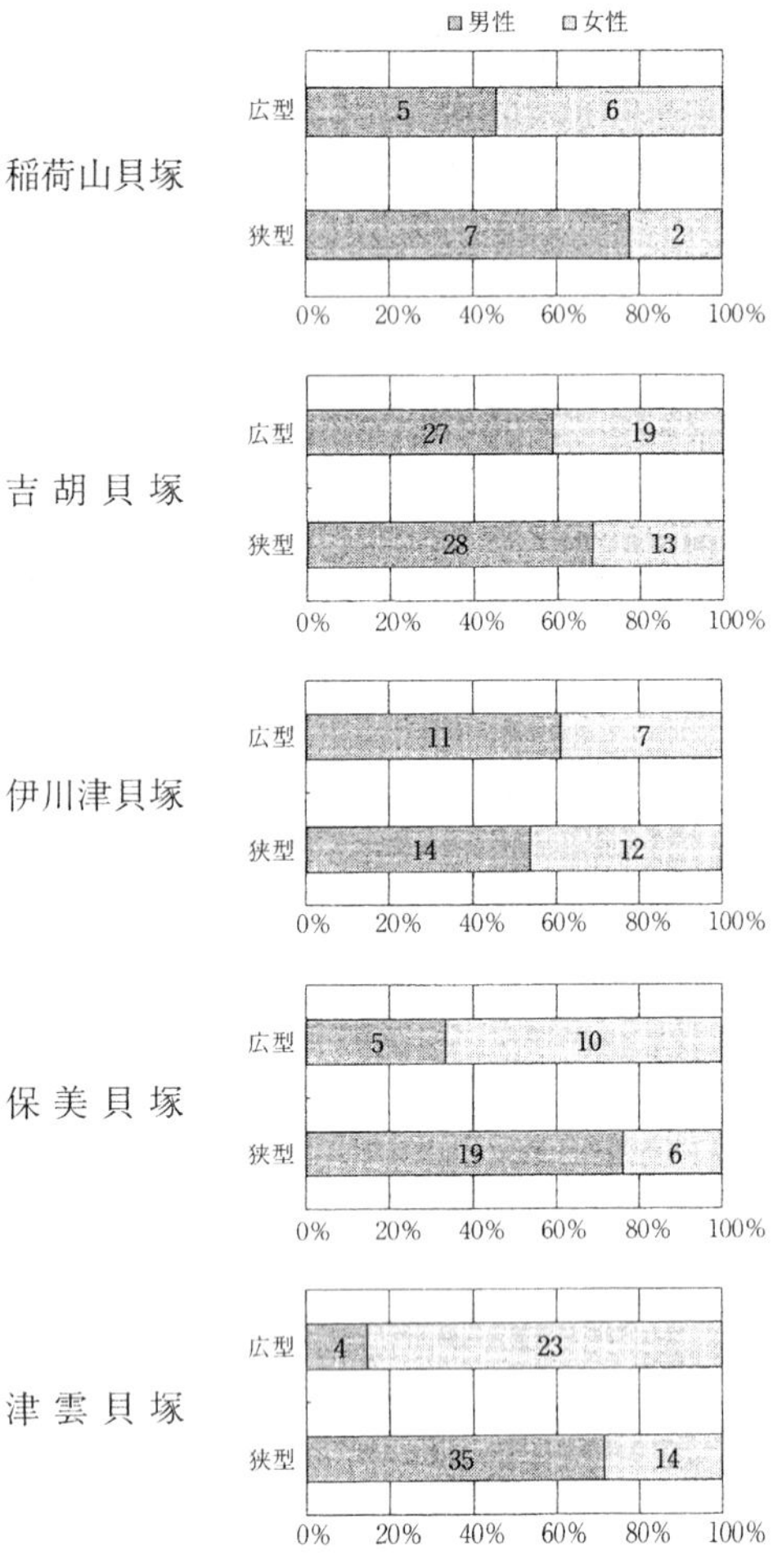

図18　抜歯型式と性別
(舟橋京子2008「抜歯」『縄文時代の考古学』10, 同成社)

すとも考えられてきた。

しかし、岡山県笠岡市の津雲《つくも》貝塚出土の人骨の中には、舟橋京子氏が指摘しているように、寛骨に妊娠痕を持っていたり、成人特有の鹿角製腰飾を伴っているにも関わらず無抜歯の個体が確認されている。そのため、抜歯が必ずしも成人における通過儀礼の一つにあ

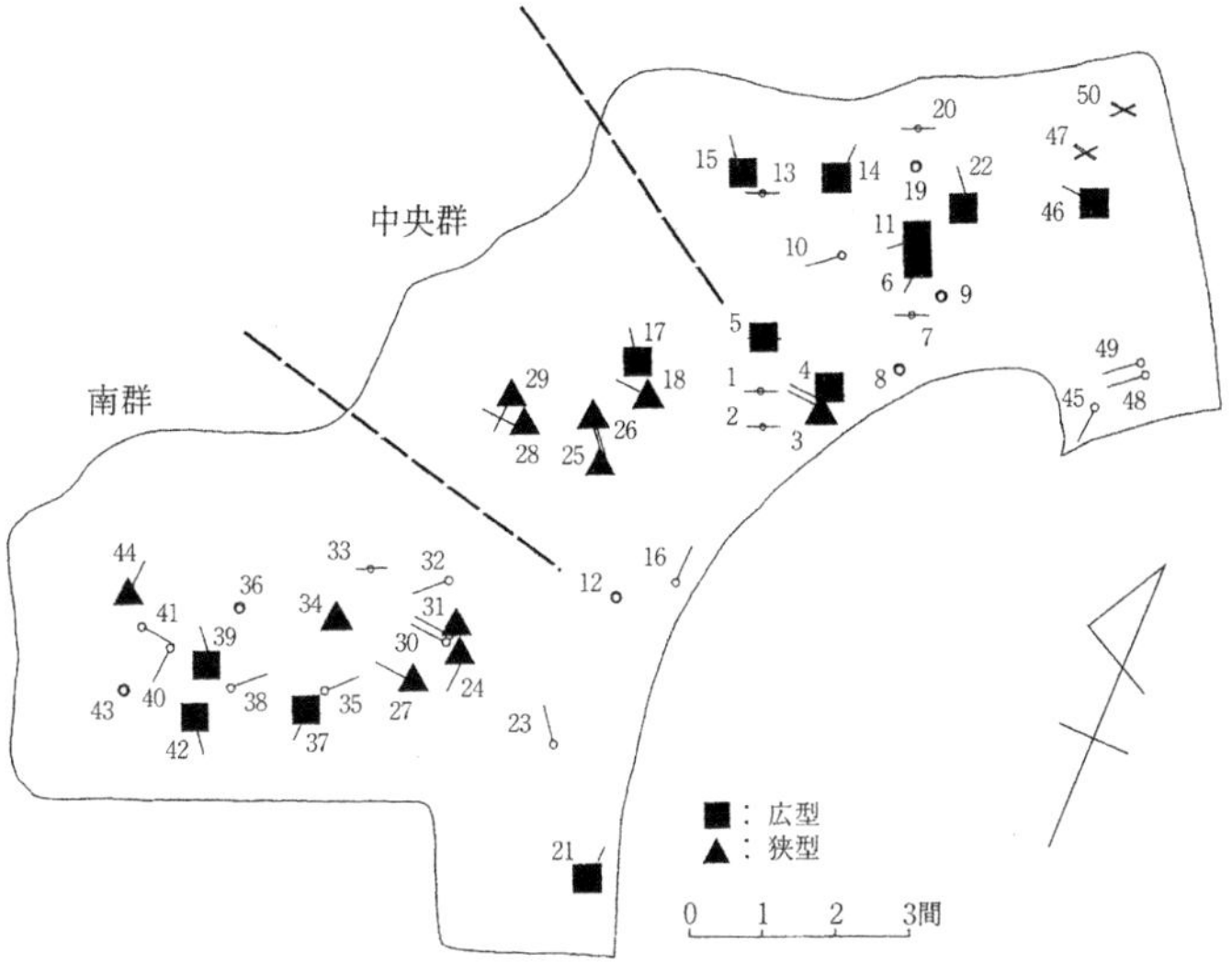

図19　稲荷山貝塚における人骨出土
（舟橋京子2008「抜歯」『縄文時代の考古学』10，同成社）

てはまらない可能性もでてきた。さらに、広型の抜歯と狭型の抜歯では、性差が確認される場合とそうでない場合があるという（図18）。例えば、愛知県田原市の保《ほ》美《び》貝塚や前述の津雲貝塚ではこうした性差が確認されているが、津雲貝塚（京都大学調査区）の墓域では、性別による偏りも指摘されている。しかし、明瞭な埋葬小群（埋葬による群をなすもの、同19参照）の確認などはできず、詳細については不明である。

　また舟橋氏は、東海地方で出土し、個々の人骨資料の出土位置が明確な三遺跡（愛知県田原市の吉胡《よしご》貝塚、愛知県田原市の伊川津《いかわづ》貝塚、神奈川県横浜市南区の稲荷山貝塚）から出土している資料を基に、広型の抜歯及び狭型の抜歯と埋葬小群との関係を見ようとしている。このうち吉胡貝塚においては、埋葬個体数が多く、墓地の造営当初の埋葬群が存在していた可能性はあるだろうが、現存している遺構図を見た限りでは明確な小群を見出すことは難しいとしている。

稲荷山貝塚では、二〜三メートルの間隔を持って配された埋葬小群が三つ確認できており（図19）、歯冠計測値から見ても、個々の三つの小群から出土した被葬者は、血縁関係のある者を含めた親族関係にある集団と考えられる。そこで抜歯のタイプを見ていくと、北群では広型の抜歯、中央群では狭型の抜歯、南群では狭型の抜歯が中心となっているという。

一方、伊川津貝塚の場合は、いわゆる多遺体埋葬になっており、お互いに血縁関係のある者を含めた親族関係にある個体が埋葬されていると考えられる。すなわち歯冠計測値を用いた結果においても血縁関係にあるものが多く含まれているとみなされているのである。ちなみに伊川津貝塚から出土している者はすべて狭型の抜歯であり、縄文時代晩期におけるこのような抜歯は、血縁者を含めた親族関係に確認されると考えられる。

抜歯という行為には何らかの恣意的な目的があるはずだが、なおさまざまな議論がなされており、細かい解釈等については、今後もう少し検討していく必要があるだろう。

縄文時代の出生率

二一世紀の日本では、出生率（＝一人の女性が生涯で産む子どもの数）が、下がり続けており、一・三二人（二〇〇八〈平成二十〉年度厚生労働省による調査）となっている。急速に進展する少子高齢化社会で日本経済は成り立ちうるのか、さまざまな疑問が投げかけられている昨今である。

それでは、縄文時代のお母さんは、何人ぐらいの子どもを生んでいたのだろうか。出生率は一般に狩猟採集民では低く、農耕民では高くなっているとされる。その理由についてはアメリカの古人口学の研究者であるウッドによって以下のように考えられている。

1　狩猟採集民の食べている食べ物が固めであること
2　乳児が長期間母乳で育てられること
3　遊動生活であること

この当時は、文献資料等が存在しないため、縄文時代の出生率を正確な数値でもって算出することは難しい。しかし、五十嵐百里子氏は、出産により、骨盤に圧痕が形成され、圧痕の発達程度は妊娠回数と相関することを指摘した。さらに、縄文時代人骨には著しい圧痕を持つものが比較的多く観察されることなどから、縄文社会では実は今よりも出生率が高かったと推測されている。こうした出生率の高さには当然のことながら、社会的な背景も関係しているだろう。

今でこそ変わってきただろうが、私が就職活動をしていた頃は、男女雇用機会均等法が施行されてまもない頃であった。そのため、女性が働くために必要な権利を主張しづらい状況にあった。意見を聞かなければいけないのはわかっているが、現状はこうなので、聞けません、というのが上の方々の対応だった。そのため、育児休暇はとることが不可能、社内結婚の場合は、寿退社が常識（主婦の幸せは肯定していますし、年俸約一六〇〇万円に相当する主婦業の大変さも理解していますが）。女性の立場や思考は残念ながら、男性には理解できない。これはお互い様なのかもしれないが、上層部に女性がいない職場はやはり働きにくい。そしてそれを忍の一字で必死に働いて、婚期を逃すか、ＤＩＮＫＳ（子どものいない共働き夫婦）状態で現状維持を保っているのが、私の周りに居る多くの働く女性の様相であった。社会の体制が整っていないから、出産ができない状態にあり、その結果として、日本は少子化になってしまったのではないだろうか。余談になるが、研究の世界においても女性の数は圧倒的に少ない。これも一言で語れない根深い問題が横たわっているためとも思われる。

一方、少子化対策がうまくいった国としてフランスがある。一九九三年には一・六六人に落ち込んだ数値が二〇〇六年には二・〇となっている。この国では、その女性の立場が常勤であれ、非常勤であれ、出産をする人物が既婚か未婚かなどにも関わりなく、育児休暇を認めることが法律で明記、認められているのである。こうした法律が施行されても、浸透するにはやはり時間がかかったことだろう。しかし、今では功を奏して、子供の人数は国全体として増えているという。不倫の結果できた子供、あるいは離婚により母方に引き取られた子供も法律できちんと保護し、その母親が必要な経済的支援をうけつつ、その子供が大人になるまで国が見守っているのである。もし日本でもこれができれば人口は増える可能性がでてくるだろう。しかし、厳しいことをいってしまうと、日本の政治家先生のお堅い頭ではこうした状況を作っていくのは無理なのではないだろうか。

縄文時代では、性差がバイオロジカル（生物学的）なものによって提示されることはあったにしても、マイナスとしてのジェンダー思考はあまりなかったように思う。女性は自分をその社会内における必要な労働の担い手として認識していたし、「家庭に入れ」などとあえていわれることもなかったはず（家庭に入る幸せも否定しませんが）。男性と同じように仕事をしながら、その中で育児をこなし、それをみんなで助け合っていたように思える。なぜなら、そうやって、一つの集落で暮らしていた人びとが助け合わなければ、医療技術のない当時、乳幼児はすぐに死んでしまうからだ。さらに、老人の豊かな人生経験に基づいた知恵などで生活上のトラブルを回避していかないといざこざだらけになってしまう。そして、そうしなければ、暮らしが成り立たなくなることを彼らは知っていたのであろう。

現段階では、先述したように妊娠痕がいくつかあるから何人子供を生んだ、という正確な数値を提示することは、難しい。しかし、皮膚に年齢とともに刻まれていくシワのように、これらは妊娠回数と相関はあると考えられる。ちなみにシワの場合は、お肌に対する日ごろのお手入れや個々人の生活習慣などによって、本数や刻まれ方に程度の差がある。だが、悲しいことでもあるが、二〇代の肌にみられるシワと三〇～四〇代のシワは確実に違う。妊娠痕についてもこれと同様のことが言えるのではないか。

近世の洛中洛外図などを見ていると、街中で蹲踞《そんきょ》（しゃがむ）の姿勢をとる人びとの姿が描かれている。この姿勢、私たち日本人にとっては馴染み深いものであるが、いつからこの姿勢をとっていたのだろうか。この姿勢をとると、足首が強く曲げられるので、足首の関節面が拡大したり、変形したりする。

姿勢を示唆する関節面

骨の系統的な研究者である馬場悠男氏によると、このような骨の変形は、現代日本人では比較的高齢の個体に多く、現代ヨーロッパ人にはみられないという。この他、縄文人の足首の骨を見ると、確かに著しい変形がみられることがある。椅子がなかった彼らの暮らしでは、しゃがむ姿勢で作業をすることが、今の私たちよりも何倍も多かったのかもしれない。

また、つま先をたびたび強く内側に曲げるため生じたと思われる骨の変形が確認されることもある。アメリカの人類学者ユビレイカーは、エクアドルの先史時代人について、こうした例を確認している。またイギリスの人類学者モレソンは、この種の関節の変形は、農耕、特に種子を加工する際の姿勢と関係する形態変化の一つと考えている。それでは、日本ではどうなのだろうか。

形質人類学の研究者である坂上和弘《さかうえかずひろ》氏は、東京にある国立科学博物館が収蔵する各時代の人骨のうち、足の親指の中足骨（足の骨の一部）約八〇〇例を観察している。その結果、指とつながる関節面が内側に伸びる変形が、縄文人と弥生人は六％程度だったのが、古墳時代では一三％と増え始め、鎌倉時代は二〇％、江戸時代では四〇％と急増していた。また、この種の変形は江戸時代から急増し、明治時代以降に一層多くなっているという。さらに、明治時代から戦前まででは、四六％とさらに増えており、このような関節面における変形は、中足骨の遠位背面に生じる。正座が江戸時代に庶民に普及し、明治以降は学校教育で一般化したのと符合するためではないか、立ち上がる時、つま先を強く曲げたためではないかと考えられている。

ちなみに骨の形からこんなこともわかる。私の友人の一人は両親の仕事の都合で、一〇歳までアメリカで暮らしていた。彼女の足の長さは、私とほぼ同じ、身長も体格も同様。いやむしろ背の高さは私より低いかもしれない。しかし、Gパンをはくと異なる部位があった。彼女の膝蓋骨《しつがいこつ》は私のように前に突出しておらず、大腿骨《だいたいこつ》と脛骨《けいこつ》がすんなり繋がっていたのである。これは、椅子で暮らす生活が中心だったことによると考えられる。正座ができないという彼女の脚は、まっすぐですらりとしている。

ちなみに私たち日本人のお隣の韓国女性の足も美しいと聞く。ずいぶん前のことだが、ソウル・オリンピックの際に行進をしていた彼女らの足はすばらしく美しかった。西洋人のようにとくべつに長いというわけではない。が、バランスの取れたまっすぐな二本の脚は見事だった。

正座は訓練しないとできない座り方で、否定をするつもりはない。だが、この座り方によって、下半身のバランスがやや不良になり、少しでこぼこした膝蓋骨の存在感をしっかり感じさせてしまうのは、やや悲しい。そしてこのような脚が日本人の、特に私の世代以前の脚なのである。

縄文時代の人びとの病気

歯の病気

縄文時代の人びとを「狩猟採集民」と定義した場合、彼らの高い虫歯率には驚かされる。実は世界的に見ても、縄文時代の人びとほど虫歯の所見を多く持つ集団はいないのである。

日本は酸性土壌であり、こうした土壌で生育される野菜などには、カルシウムの量が少ないので、あるいはこうしたことも原因となっているのかもしれない。ある歯科医師の方に聴いた話だが、インド人の歯は、日本人のものよりずっと硬く、削ったりする虫歯の治療をするのが大変だという。そして虫歯の発生率も日本人ほど高くないらしい。日本人の歯は柔らかいため、酸に侵されやすく、もともと虫歯になりやすいということなのだろう

表3　世界の狩猟・採集民の虫歯率

集団名	年代	経済段階	虫歯率(%)
縄文人	12,000～2,300年前	狩猟・採集	8.2
現代日本人	1999年現在		46.4
Old Copper (アメリカ先住民)	7,600年前	狩猟・採集	0.4
Sjo-68 (アメリカ先住民)	3,000年前	狩猟・採集	2.4
オーストラリア先住民	近代	狩猟・採集	4.6
イヌイット (グリーンランド)	近代	狩猟・採集	2.2
イヌイット (アラスカ)	現代	狩猟・採集と交易	1.9

(藤田尚2001「縄文人とむし歯」『むし歯の歴史』砂書房)

か。

出土人骨における虫歯の研究をしている藤田《ふじた》尚《ひさし》氏によると、縄文時代全体の平均虫歯率は八・二%となっている。世界の他の地域における狩猟採集民が〇～三%程度であることからするとかなり高い頻度であることがわかるだろう（表3）。食材として占める割合は、食性分析の結果等から、堅果《けんか》類が多かったことは先述した。堅果類の中でも、クリはでんぷんが多く、これを食べる機会が多かったであろう縄文時代の人びとに虫歯の罹患率《りかんりつ》が高いのは納得できる。

こうした中でも、前期には虫歯の所見が少なく、中期と後期で比べてみても、後期のほうがより多くなっている。例えば、先述した茨城県美浦村の大谷《おおや》貝塚出土例のように前期に相当する人骨資料には虫

表4　虫歯の出現頻度（千葉県姥山貝塚出土例）

遺跡名（時期）	虫歯（遺存歯）	虫歯率（％）
姥山貝塚（中期中葉～後期中葉）	151（1709）	8.84
姥山貝塚（中期中葉）	3（217）	1.38
姥山貝塚（中期後葉）	4（213）	1.87
姥山貝塚（後期前葉）	4（319）	1.25
姥山貝塚（後期中葉）	14（315）	4.40

歯の所見がほとんど確認されていない。このため、縄文時代全体の虫歯率を高くしているのは、中期以降の資料ということになる。千葉県市川市の姥山貝塚出土例などでは、後期前葉から虫歯の罹患率が急に高くなっており（表4）、こうしたことからも当時の人びとの食生活の変化を見て取ることもできる。このように、縄文時代全体を古病理学的所見からみていくと、形質的特徴同様、時期による違いから様々な所見を得ることができる。

地域差も確認されている。たとえば、藤田氏が述べているように、海岸部に位置する貝塚から出土する人骨には、虫歯の所見を持つ個体が多くなっている。また、その次の弥生時代になると虫歯率はさらに高くなっていくのである。

縄文時代の人びとの虫歯の発生部位も興味深い。今の私たちの場合、虫歯の所見は、歯のかみ合わせの部分や、歯と歯の間に多くみられる。しかし、縄文時代の人びとの場合、これらに加えて、歯の頰側にも発生する。このようなところになぜ虫歯の所見が観察されるのか、実はなぞである。その話をある歯科医師に話すと、「リス食い、子ども食い」の可能性がある、と教えてくれた。縄文時代と今の社会では文化やものの考え方も大きく異なるだろうから、食べ方が異なってもおかしくないだろう。そして食べ方が異なるとこのように虫歯の発生部位にも違いがでてきたのだろうか。

O脚の可能性

私たち日本人には、どういうわけか、いわゆる「O脚」が多い。O脚になると骨のどの部分に負担がかかるかというと、足の骨の内側である。そのため内側に位置する骨には、骨棘《こつきょく》が出たり、象牙質化が生じやすくなるといわれている。

縄文時代の人びとでは、どの部位に骨棘がでやすいのだろうか。これは現代の私たちとかわらず、膝関節《ひざかんせつ》である。膝関節は、大腿骨《だいたいこつ》・膝蓋骨《しつがいこつ》・脛骨《けいこつ》の三つの骨からなる。膝蓋骨の腱《けん》や靭帯《じんたい》は、膝頭（膝蓋骨）とむこうずねの骨（脛骨）に付いている。これらの腱はとても強く、足首でまとめられている。そのため、膝関節症の所見が確認される場合には、これら三つの骨にそれぞれ少しずつ骨棘が形成されるはずである。特に膝関節の内側が狭小化することが多いと、O脚になりやすい。

O脚になると、生体の防御反応として骨梁が太くなるためX線像が白くなり、骨棘も出てくる。

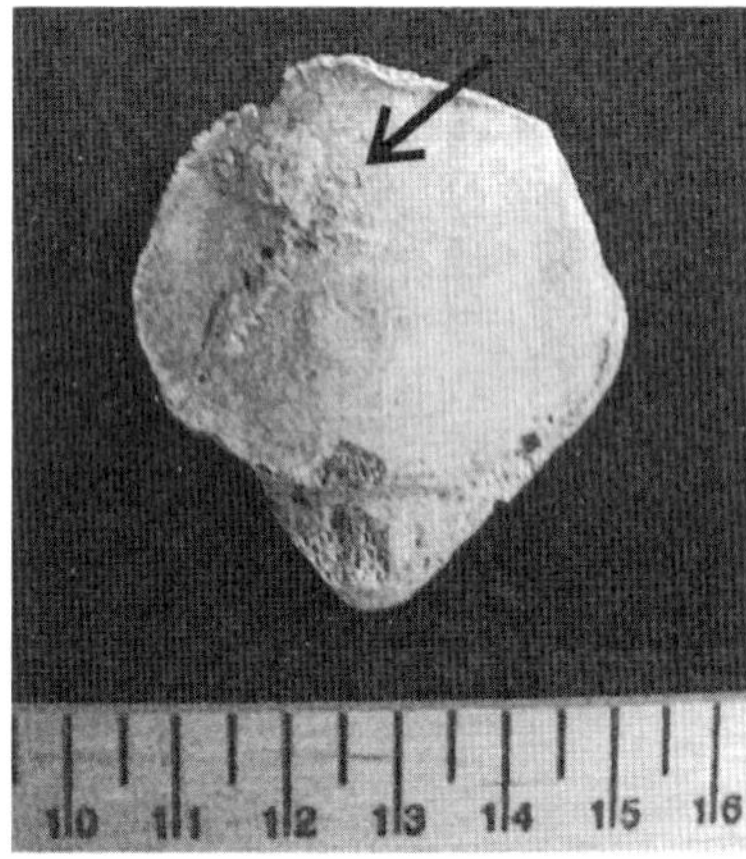

図20　内側関節面に骨棘が形成されている膝蓋骨
（茨城県中妻貝塚出土例）

それでは、縄文時代の人骨ではどうだろうか。遺跡から出土する人骨の場合には、すべての関節面が遺存していることは稀有である。こうした中でも、意外なことではあるが、膝蓋骨は欠損部位が比較的少なく、遺存状態が良好なことがある。すなわち、上縁・内側・下縁・外側及び、関節面のすべてがほぼ完全な状態で出土することも珍しくない。そのため、膝蓋骨に形成された骨棘を詳細に見ていくことによって、かれらの姿勢を想像することが可能となるのである。

O脚の場合は、前述したように、内側の関節が外側に比べて狭くなり、軟骨から影響を受け、骨に骨棘が形成される。これに対して、いわゆるX脚の場合は、外側の関節が内側に比べて狭くなり、この部分に骨棘が形成されやすくなる。こうしたことから考察すると、内側を中心とした骨棘形成が確認される個体は、生前O脚であったと考えられる。

ここで茨城県取手市の中妻貝塚のA土壙から出土している人骨を見てみよう。これらの人骨は、前述したように単体埋葬ではないため、個体識別ができない。そのため、ここに埋まっている頭蓋骨と同一人物の大腿骨を見出すことは難しく、要するに探ることはできないのである。しかし、こうした状況下にあっても、膝蓋骨を丹念にみていくと興味深い所見を得ることができる。すなわち、この遺構から出土している膝蓋骨四〇点には内側の関節面及び、内側辺縁部に骨棘形成されているものが多かったのである（図20）。そしてこのことから、ここに埋葬されていた人びとの中にはO脚の人が多かったと考えられる。こうしたことから日本人に多いO脚姿勢はいつからなのか、またどうしてO脚になりがちなのかを考える手がかりの一つを得ることができたといえるだろう。

介護人骨

厳しい生活環境にさらされていたと考えられる縄文時代、病気になった人びとはどうしていたのだろうか。怪我《けが》をして苦しんでいる人や病気で寝込んでいる人をみれば、何かしたくなるだろうし、彼らはこうした人びとに対して治療や介護をしていたはずである。

北海道洞爺湖町の入江貝塚から出土している入江九号人骨（成人男性）は、縄文時代後期に相当するものである。この人骨の場合、背骨や肋骨《ろっこつ》などの体幹骨は、通常の成人サイ

図21　介護により生き延びた成人人骨
（栃木県大谷寺洞穴遺跡出土例，栃木県立博物館所蔵，栃木県立博物館2000『大谷寺洞穴遺跡出土人骨の保存処理及び自然科学的調査報告』）

ズを保っている。

しかし、四肢骨の骨幹部は、異常に細く華奢であり、普通の大人のものとは到底考えられないものである。この人骨を鑑定した鈴木隆雄氏は、これを四肢骨における廃用萎縮によるものと考え、この人物が幼少期になんらかの病に罹患し、四肢が麻痺《まひ》状態に陥り、寝たきりの状態で比較的長期間にわたって生き続けていたと考えている。このような麻痺性疾患によると考えられる個体は、縄文前期に相当する栃木県宇都宮市の大谷寺《おおやじ》洞穴《どうけつ》遺跡からも出土している。また、縄文時代中期〜後期に相当する岩手県陸前高田市の中沢浜貝塚から出土している人骨の中にも、麻痺性疾患を持つ個体が含まれている。

大谷寺洞穴遺跡の出土例をもう少し詳しくみ

てみよう。この遺跡からは、約六体の人骨が出土した。このうち、最も遺存状態の良好な二号人骨には興味深い所見が残されている。この人骨の鑑定も鈴木隆雄氏によって実施されたのだが、その結果、頭蓋骨の大きさや四肢骨の骨端癒合《ゆごう》の程度などから、成人人骨と判断されている。しかし、四肢骨の骨幹部は異様に細く、成人人骨によるものとは考えられないものである（図21）。要するに、この人物は、自らの体をほとんど動かすことなく、ある程度の年齢まで生きていたということになる。

このように縄文時代の後期を中心として、日常生活に支障を持つ人たちがそこそこの年齢に達するまで生きていけるようになっていたということがわかる。すなわち、現代のように高度な医療技術はなかったにしても、縄文社会では、今で言うところの「介護」の行為が実施されていたのである。病人に対する彼らの処遇から今まで見えてこなかった縄文時代がみえてくる。

ガンの所見

現代日本人の三大死亡要因は、ガン、心臓病、脳卒中である。こういった病気は、軟組織のみにとどまることもあり、骨に所見が残されることは少ない。しかし、症状の程度が進行すると、骨病変としてその所見が観察される場合がある。

縄文時代の後・晩期に相当する福島県新地町の三貫寺《さんがんじ》貝塚からは、日本最古とされるガンの所見を持った個体が出土している。病変は、頭蓋骨全体に認められる。この人骨を鑑定した鈴木隆雄氏は、数十片に及ぶ頭蓋骨片を復元し、外板及び内板に数ミリ～から一センチ程度の円形の小孔（病的骨欠損）が存在することを確認した。この頭蓋骨は、個体識別が不可能な複数の人骨が混在した状態で出土しており（本人骨を以下、三貫寺番外B人骨とする）、そのため頭蓋骨以外の骨にどのような所見がみられるのかはわからない。しかし、頭蓋骨にみられるこの病変は肉眼観察でもX線撮影による観察でも治癒傾向はまったく見られないものである。そのため、骨における悪性腫瘍による変化と考えられ、次の二つの可能性が挙げられている。

①主として高齢者に発生する多発性骨髄腫《こつずいしゅ》

②乳ガンをはじめとするガンの骨転移

三貫寺番外B人骨は、頭蓋骨のみの出土であるが、眉弓《びきゅう》や後頭骨にある外後頭隆起《がいこうとうりゅうき》の形態などは男性的な特徴を保持している。また矢状縫合など頭蓋における主な縫合は、外板ではいずれも乖離《かいり》しており、四〇歳以下と推定されている。そのため、①に記した高齢者に多い多発性骨髄腫とは考えにくく、この個体が男性と判断されるならば、胃ガンなどの消化器系ガンや肺ガンや甲状腺《こうじょうせん》ガンなどの可能性を示唆することができるのである。

しかし、このような所見を持つ個体は縄文時代においてはきわめてまれである。こうした疾病に罹患する前に縄文時代の人々の多くは死亡していたと考えられているからだ。

縄文の人びとは本当に早死にだったのか

「今、何歳なんですか?」と私に向けて、大学での講義の前後に学生から受ける質問で、一番多いのが実はこれである。微妙にイラっとくるので、答えはあいまいなものになってしまう。のだが、それにしても、自分も含めて、みなが年齢にこんなに細かくこだわるのはなぜだろうか。

神奈川県横須賀市の平坂貝塚から出土した人骨は、早期(一万一〇〇〇年〜七〇〇〇年前)に相当するものである。この人骨には成長途中に一〇回ほど栄養失調に陥っていたことを示す、いわゆるストレス・マーカーが認められる。この場合のストレス・マーカーは、ハリス線である。

ハリス線は、骨の形成時期において成長に差しさわりがあるような栄養障害、あるいは疾患によるダメージを受け、水平に横線が形成されるものである。本所見を観察するには、X線撮影を実施しなければならないので、縄文時代を通じての出現頻度等を提示することは容易なことではない。しかし、早期に相当する平坂貝塚出土人骨において、ハリス線の重症な所見が観察されているということは、この時期、彼らの生活が決して生ぬるいものではなかったことを示している。

前にも述べたが、縄文人の寿命は一説には、せいぜい三〇歳程度と推定されている。出土人骨の中で一五歳以上と推定された個体の死亡年齢を見ていくと、男性では三〇～三四歳、女性では二〇～二四歳にピークがあることがわかっている。現在の私たちの平均寿命が男性七七・一六歳、女性八四・〇一歳（厚生省による一九九八年簡易生命表）であることを考えると異様な短さである。

しかし、なぜこのように縄文時代では平均寿命が短いのだろうか。理由としては、種々の状況が考えられる。しかしここで、第一にあげられるのは、様々な疾病に対処するだけの医療技術が、当時なかったということであろう。

私たち日本人の平均寿命が、飛躍的に伸びたのは、明治時代以降のことである。それまでは乳幼児死亡率が高く、ある一定の時期を越えることができたものだけが生き延びることができていたに過ぎなかった。病気に罹《かか》って適切な治療をしないでいると、その病気の症状が悪化して、罹患者は死亡してしまう。外傷性疾患などの場合でも、治療しないで放置しておくと取り返しのつかないことになるかもしれないのだから。しかし、狩猟採集民の中では、このような平均寿命こそが妥当であり、縄文時代の人びとが極端に低かったというわけではないという考えも提示されている。

年齢推定を実施するには恥骨《ちこつ》という骨を用いる。恥骨は、骨盤を構成する骨の一つで、この部分の形態変化を見ていくと、その人骨の死亡年齢がかなりの精度で提示することができる。恥骨の形態変化を見ることによって、縄文時代の人びとの死亡年齢を初めて観察し、縄文時代人の平均寿命を推測したのは小林和正氏である（表5）。彼の研究によって、縄文時代の人びとは厳しい生活環境下におかれ、そのため平均寿命が短かったと考えられるようになった。それから数十年のときが流れ、現在、恥骨の形態変化を再調査することによって縄文時代人の平均寿命を再考しようという動きがでてき

表5　縄文人の年齢別死亡分布

年齢	個体数			割合		
	総数	男性	女性	総数	男性	女性
総数	235	133	102	100.0	100.0	100.0
15～19	24	13	11	10.2	9.8	10.8
20～24	45	23	22	19.1	17.3	21.6
25～29	50	29	21	21.3	21.8	20.6
30～34	49	30	19	20.9	22.6	18.6
35～39	23	14	9	9.8	10.5	8.8
40～44	20	14	6	8.5	10.5	5.9
45～49	13	6	7	5.5	4.5	6.9
50～59	10	4	6	4.3	3.0	5.9
60+	1	—	1	0.4	—	1.0

（Kobayashi, K 1967 Trend in the length of life based on human skeletons from prehistoric to modern times. J. Fac. Sci. Univ. Tokyo. Sec. Vol.3）

た。恥骨結合面の形は、加齢によって変化する。そのためこの部分の形態の変化を見ていくことによって、年齢推定が可能となるのである。

観察結果から、実際、縄文時代の人びとの多くは、三〇歳までに死亡していることがわかる。しかし、中には六〇歳、またはそれ以上に相当する年齢に達した人たちが居なかったわけではない。であるから、縄文時代人の平均寿命が三〇歳であったと決めてしまうのは早計なのである。

ストレス・マーカー

「きちんとご飯を食べていますか?」体調を崩して病院にいくと、栄養管理士さんからこういわれることがある。現代人は忙しい。通勤に一時間以上も要し、残業でくたびれて帰宅すると、食欲がなかったりする。食べない状態、すなわち、貧しい食生活を続けていると身体にガタがきたり、それがどこにどのように出るかは、その人をとりまく状況によって変わってくるのだが、こうした身体のあちこちにみられる好ましくない変化をストレス・マーカーと言っている。このストレス・マーカーは、その人物を死に至らしめるような深刻なものではないが、なんらかの障害によって身体に見られる変化のことである。

ストレス・マーカーの一つに、スプーン爪というのがある。これは、たんぱく質等種々の栄養が不足すると爪が外にそって変形してしまうというものだ。このような著しい変形とまでいかなくとも、インスタント食品に頼った食生活を続けて、忙しくしていると、爪の形成がうまくいかないことがある。あまり自慢にならないが、私自身、大学四年の春には、左手のつめが不規則な形成のものとなっていた。そして、その頃は、卒業論文の準備が始まり、就活・進路とさまざまな活動が必須であったため、きちんと食事をすることのほうがめずらしい状況だった。このように死ぬことはないけれども、やっぱり食生活が貧しいと、ストレス・マーカーを作り出してしまい、体調も悪くなってしまう。

この他、現代の私たちにとっても身近なものとしてこんなことがある。例えば、夏に多い、いわゆるピアスかぶれがそうである。私自身、皮膚があまり丈夫なほうではないので、ピアスかぶれにはよくなる。この場合、まず耳が赤くなり、微妙な痛みや脹《は》れを感じる。もう少しこの状態が続くと、患部が熱を持つようになり、皮膚科に駆け込まざるを得ないということになる。これに類する状況が、ストレス・マーカーの一つである骨膜炎と考えていただきたい。とはいえ、骨膜炎そのものの症状の程度にもよるが、例えば縄文時代の人びとが、こうした疾患にかかったとしても、致命傷にはならないので、普段とあまり変わらない生活を営んでいた可能性が高いだろう。

それでは、縄文時代の人びとには、どのような骨膜炎が確認されているのだろうか。例えば、脛骨など長骨の緻密《ちみつ》質の部分に、外傷性疾患の名残、あるいは高熱を伴う疾患によって、緻密質の部分にイレギュラーな筋状の痕跡が観察されることがある。これが、骨膜炎と診断されるものである。イレギュラーな筋状の痕跡は、症状が進行していくにしたがってはっきりしたものとなり、進行すると骨髄炎にまで発展していく。もっともここまでいくと、単なるストレス・マーカーではなく、なんらかの特定疾患に付随するものとなるのだが。

骨膜炎の出現頻度に関する研究は、現在進行形である。そのため、今後さらなる調査研究の進展が期待される。私はこれまで数体の早期及び前期に相当する人骨に関して骨膜炎の所見が確認されるかどうかをみてきた。その結果、比較的軽度のものであるが、いずれも脛骨の骨幹にこの所見が確認される率が高くなっているようだ。中期及び後期の人骨資料では、骨膜炎の所見がどの程度観察されるのか観察していないため、不明であるが、症状の程度が著しくないものに限って言うなら、かなりの出現頻度で確認されるのではないだろうか。

この他、ストレスマーカーとしてはクリブラ・オルビタリアという所見をあげることができる。これは、鉄欠乏性貧血などによって生じるものと考えられており、栄養障害を示すものの一つである。そのため本所見が確認されるということは、その人物が生前、食生活等の面で何らかの不都合に遭遇していたことを示している。こうした所見を見ていくことで、縄文時代の人びとが健康だったかどうかという議論にまで発展させることが可能である。

縄文人は健康か

いうまでもないことであるが、食生活はその集団内における栄養状態に深く関係している。アメリカの人類学者コーヘンとアルメラゴスの研究では、食性が変化すると、その集団内における疾患のパターンも変化することが指摘されている。

例えば、狩猟採集から農耕に移行するにつれて、ストレス・マーカーの一つであるクリブラ・オルビタリアや骨関節症の出現頻度が異なってくるのである。同様の現象は、古賀英也氏らの研究によって、北部九州においても確認された。このように、縄文時代後期から弥生時代前期に相当する遺跡から出土している人骨資料では、生業形態、及び食生活の変化を骨病変の出現頻度から追うことが可能となっているのである。

これまで縄文時代人骨では、クリブラ・オルビタリアの所見を持つものは多くないとさ

表6　クリブラ・オルビタリアの出現頻度について（千葉県姥山貝塚出土例）

遺跡名（時期）	クリブラ・オルビタリアの所見を持つ資料数（観察した資料数）
姥山貝塚（中期中葉～後期中葉）	4(26)
姥山貝塚（中期中葉）	1(3)
姥山貝塚（中期後葉）	2(6)
姥山貝塚（後期前葉）	0(4)
姥山貝塚（後期中葉）	0(1)
向台貝塚	0(3)
今島田貝塚	0(1)
曽谷貝塚	0(1)
堀之内貝塚	0(4)

れてきた。たしかに、縄文時代全体として見た場合、江戸時代に比べて、ストレス・マーカーの出現頻度は低くなっている。そのため、縄文時代は江戸時代に比して、健康な人が多いのではないかという単純な考察も可能であろう。しかし、ある集団が健康であるかどうかについて述べるためには、骨病変のみで話を進めていくことは危険である。そのため、ここでは縄文時代の人びとが健康であったかどうかについてはひとまず保留しておき、縄文時代の中でも、時期によってクリブラ・オルビタリアの出現頻度に相違があるかどうかについてみておきたい。

千葉県市川市の姥山貝塚からは前述したように比較的良好な人骨資料がまとまって出土している。これらの人骨の多くは、土器などの共伴遺物を伴い、時期を細かく見ていくことも可能である。そのため、ここでは大きく中期と後期の二時期に分けて、姥山貝塚出土例をみていくことにするが、その結果、クリブラ・オルビタリアの所見を持つ個体は、中期に限られ、後期に相当する人骨には確認されなかった（表6）。

関東地方では縄文中期に人口が増加し、縄文時代の中でも最も繁栄していた時期と考えられている。しかし、膨らんだ人口を抱え、その食料資源を確保するのは大変なことであり、中には、十分な栄養が摂取できない者もいたと思われる。米田《よねだ》穣《みのる》氏による食性分析の結果でも、中期後葉から後期にかけて食性が変化したことが明らかにされており、その一方で、姥山貝塚では中期出土例にのみ、本所見が確認されたのは、興味深いことである。このようにクリブラ・オルビタリアの所見から、当時の社会的・経済的背景を垣間見ることができる。

ここで先ほどペンディングにしておいた縄文時代の人びとの健康問題について、もう少し考えてみることにしよう。私たちは平均寿命が短いと考えてきた縄文時代の人びとだが、それほどでもないかもしれないことが明らかになりつつある。豊かな自然に囲まれて、食品添加物のないおいしいものを食べていた彼らは、実はそこそこ健康だったのではないだろうか。もちろん、今の社会のような飽食の時代ではないし、食料調達がうまくいかないときには、飢えて死ぬものもいただろう。しかし、こうした非常時ばかりがクローズアップされるあまり、「縄文人は不健康?」と強調されすぎているのではないだろうか。彼らの作った美しい土器を見てもわかることだが、その精神性の高さは相当のものである。こうしたモノを作り出す人間が生活していた社会は、厳しさもあり、豊かさもあったはずだ。

先に述べたように、中期に人口が増加すると、最も繁栄したといわれるこの時期でさえ、食生活に支障がでることもあったのかもしれない。食料調達のみならず、人口が増えすぎると、色々な問題がでてくるのだろう。しかし、マイナス面ばかりではなかったはずである。

人間はもともとサバンナで暮らしていた中形動物である。そのため、過密な状態には生理的に耐えられない。自分の周りに人がほんの数人いる程度がちょうどいいらしい。だが、現代では、何処に行っても人間だらけ。狭い敷地内で生活し、会社で複数の人間に気を使いながら仕事をして、疲れて帰ってくると、家族と言い合いになる……といったことも仕方がないのかもしれない。精神的なストレスは、健康状態をも左右するものである。

必要なものが何でもそろっている今の日本の社会で生活することが、本当に幸せかどうか。これを考えてつきつめていくと、縄文時代の人びとの健康状態がどうだったのか、答えは案外すんなりとでてくるかもしれない。

そんなつもりはなくとも、転んだり、ぶつかったりして、骨を折ってしまうことはある。そんなとき、私たちの多くは迷わず整形外科に駆け込んで、ギプスをはめてもらい、骨がきちんとくっつくまで動かさないようにしておく。今の私たちは当然そのようにする。

縄文時代の人たちも骨折することはもちろんあった。そんな彼らがどうしていたかというと、やはり痛みを伴うその場所を動かさないようにしていたと考えられる。というのは、縄文時代人骨の中には、治癒《ちゆ》が進み、骨折の痕跡をほとんど確認できないものも含まれているからである。痛みを伴った状態では日常生活もままならないだろうし、彼らがそうしたのは自然なことであろう。

骨が折れると……

骨折は、私たちにとって最も身近な疾患の一つだ。最近の子どもは骨がもろく、飛び箱から落ちて骨折したといった話も聞く。このように容易に骨折するのは、カルシウム不足も関係するが、全体として運動量が減っているからであろう。通り魔事件など奇異な犯罪がはびこる現代社会では、子どもたちは外で遊ぶこともままならない。厚生労働省がまとめているが、小中学生の運動能力は年々低下していっているというのであるから。

骨が丈夫であったはずの縄文時代の人たちも骨折している。全体としてみると、下肢骨そのものよりも、上腕骨《じょうわんこつ》や前腕の骨など上肢骨における骨折が多いようだ。しかしその中には、大腿骨《だいたいこつ》のど真ん中（骨幹の真ん中）が折れているものも含まれている。

普通の暮らしをしていると、こんなところはまず骨折しない。そのため、彼らはよほどはげしい労働に従事していたと考えられる。それは、人骨に残された筋付着面の著しい発達からもわかる。

しかも、こうした骨折部が、変形して癒合していることから、彼らが骨折したあとも十分な治療を施さず、その部位を動かさざるを得なかったことがわかる。そうせざるを得ないほど彼らのくらしぶりはそれほどまでに厳しいものだったのだろうか。

骨折も、部位によっては致命傷となることがある。埼玉県皆野町妙音寺洞穴出土人骨（前期）の頭蓋骨には、陥没骨折の所見が確認されており、治癒した痕跡がまったくない。そのためこの人物は、この骨折によって死亡したと考えられる。前期以前に相当する人骨資料は全体としての総数が少ないが、縄文時代の比較的早い時期に相当する個体では、治癒痕を持たない即死状態の所見が多いようである。

愛媛県久万高原町の上黒岩岩陰遺跡（早期）からも、こうした所見をもつものが確認されている。この遺跡からは合計二〇体の人骨が出土しているが、このうちの一体の壮年人骨の寛骨には骨槍が突き刺さっていた。そのため、この骨を鑑定した中橋孝博氏は、腸骨に治癒の痕跡がないことから、この人物は即死しているとしている。

中期になると出土する人骨資料の総数が増えてくる。この時期、治癒痕を持たない資料はほとんど確認されないが、変形治癒した骨折の所見が散見されるようになる。中には、前述したように、下肢の一部である大腿骨骨幹部がぽっきり折れてしまっているものも存在する。下肢の骨が骨折するということは今の私たちにもないわけではない。しかし、大腿骨の骨幹部が折れるというのは稀有な所見の一つである。そして、こうした所見が中期から、というのも興味深い。

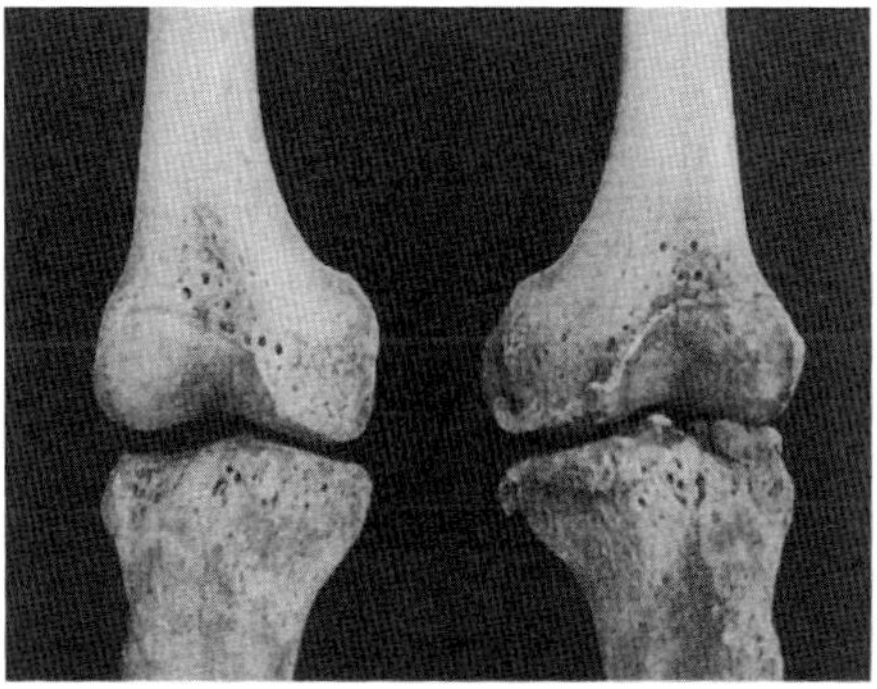

図22　骨関節症の所見を持つ下肢骨
（千葉県姥山貝塚出土例）

骨関節症

私の母の年齢にあたるような後期高齢者の方々から、「膝が痛い」という話を聞くことが多い。膝は、私たちの身体を支え、二足歩行をする際に重要な役割を果たしている。そのため、この部分には長期にわたって負担がかかり、骨に異変が生じることがある。これを骨関節症（＝

変形性関節症）といっている。骨関節症は発症する部位によって、膝関節症や肩関節症などと呼ばれることがあり、古人骨において比較的多く観察される所見の一つである（図22）。骨関節症の有無は、骨棘《こつきょく》形成の発達の度合い、象牙質化の有無、関節面を中心とした小孔の有無によって確認される。またその程度の進み具合いは、骨棘形成の有無から、骨棘形成をまったくみないもの、わずかに骨棘形成を見るもの、骨棘形成が関節面全体に確認されるもの、骨棘形成が関節面全体に及び関節面の形態が変形しているものの四段階に分けられている。

変形治癒骨折に伴ってしばしば出現する骨関節症は、加齢に伴っても発生しやすくなる。早期及び前期に相当する人骨資料における骨関節症について、現段階で語れることは多くない。しかし、こうした中でも、中期より前の段階に相当する華奢な個体では、骨関節症は、比較的少なかったと考えられる。前述した美浦村大谷《おおや》貝塚出土例のような華奢な男性人骨では、四肢骨には、骨関節症の所見が確認されていないし、これよりさらに古い早期に相当する皆野町の妙音寺洞穴出土人骨においても四肢骨の関節面に骨関節症をみとめることはできない。これらのことから考えれば、華奢な形質的特徴を持つ個体から骨関節症の所見は確認されにくいとも考えられる。すなわち、中期以降の頑丈な形質的特徴を持つようになった人たちになって、関節を多く使う活動をした結果、それ以前の華奢な人たちより骨関節症の所見を多く持つようになったと考えたいのである。

骨関節症の所見は、市川市の姥山貝塚（中期中葉〜後期中葉）出土人骨では、その出現頻度に時期差、及び部位による相違が確認されている。すなわち、骨関節症の所見は、肩関節を中心に後期中葉から増えているのである。しかし、膝関節では、このような差異は確認されていない。上肢骨における骨関節症の所見は、狩猟採集よりも農耕を生業とする集団において高くなっており、生業パターンによっても違ったようだ。前述したように、姥山貝塚出土例の上肢骨で骨関節症の出現頻度に時期差が確認されるのは、縄文時代後期中葉から生じた生業形態の変化するものと考えておきたい。また二一世紀の高齢者には、前腕遠位にコーレス骨折（転倒して手をついた時におこる手首の骨折）が多い。同じ縄文時代の上肢骨には、これと同じタイプの変形治癒骨折の所見を持つ個体もみとめられるのである。

変形性脊椎症と骨粗鬆症

現代社会において、背骨に生ずる重大な疾患の一つは、骨粗鬆症《こつそしょうしょう》である。この場合、骨密度が低下して、骨の強度が弱くなってしまう。この病気の深刻さは大変なものである。なぜかというと、大腿骨の頸部など

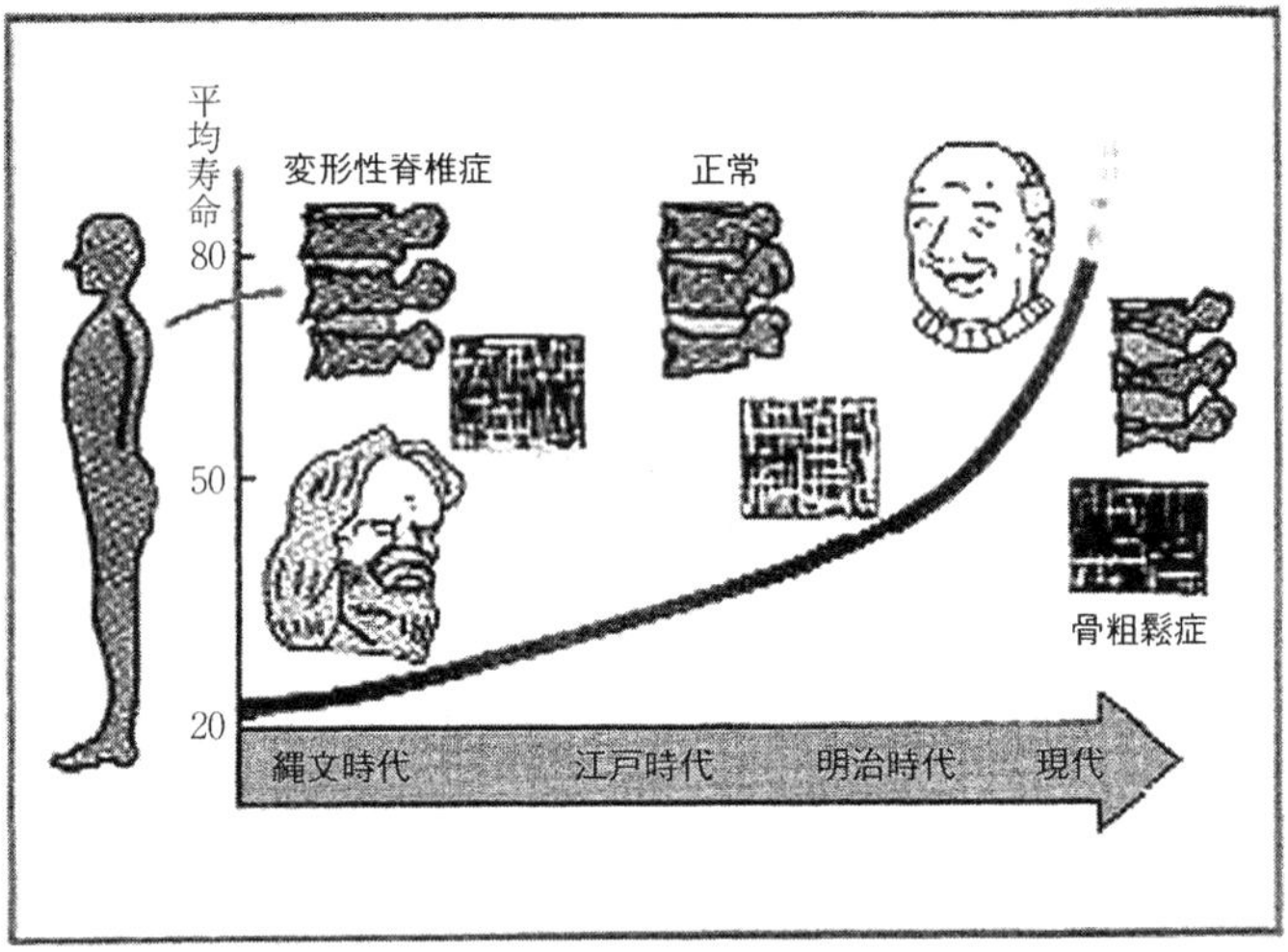

図23　背骨に見られる病変の変化：変形性脊椎症から骨粗鬆症へ
（鈴木隆雄2002『骨量と骨粗鬆症』主婦の友社）

を骨折しようものなら、寝たきりになってしまうのだから。実際、私の母などは、つい先日、骨粗鬆症と診断されている。「骨粗鬆症」と診断された場合、治療は女性ホルモンの投与、その結果、やや体重は増加ぎみになってしまう。すなわち、加齢に伴い減少した女性ホルモンを投与し、骨の形成を活性化させようとするのだが、この病気になってしまうと、現代医学では実は完治はできない。これ以上進行しないよう、病気の症状がひどくならないようにするしかないのである。このように、骨粗鬆症とは、骨がもろくなる病気であり、一方、変形性脊椎《せきつい》症は、骨が硬くなる病気である。

変形性脊椎症は、背骨の椎体（体重を支える部分）辺縁にみられる骨関節症の一つであり、古人骨にも認められるのだが、どのくらいの症状の罹患者が、どのような骨棘を持つのかといった臨床医学と関連付けた研究はいまだ行われていない。これは、サンプルとなる個体数を症例ごとに確保することが難しいことにあるのだが、出現頻度を見ていくことによって、ある一定の集団内における社会変容を考察できる場合がある。

これまで縄文時代では、変形性関節症の出現頻度、及びその症状の程度が著しいといわれてきた。これは彼らの労働の過酷さを示すものと考えられている。例えば、江戸時代の人骨資料や私たちの骨と縄文時代の人骨とを比較すると、前者では後者のような著しい所見を持った個体は、ほとんどないといっていい（図23）。しかし、縄文人骨の場合、遺存状態が江戸時代人骨に比して不良であることが多く、何番の背骨に症状が出やすいかといったことを具体的に提示することは困難である。

ヨーロッパの例だが、イギリスの中部に位置するノートン墓地（中世）から出土している人骨資料の場合、変形性関節症の出現頻度は、その前のローマン・ブリテン期よりも低くなっている。これは、生業形態の変遷を示すものと考えられている。すなわち、中世になって生業が変化し、肉体労働の比率が減ったことによって、変形性関節症の出現頻度が低くなったというのである。

骨粗鬆症の出現頻度を、脊椎椎体部の変形などから診断していくことも可能である。しかし、縄文時代の人骨の場合、骨粗鬆症と診断される個体は総じて少なめであり、一方、先述した変形性脊椎症の所見を持つものが圧倒的に多くなっている。つまり、背骨にみられる疾患は、縄文時代の人びとでは変形性脊椎症が中心であり、今の私たちでは、骨粗鬆症がメインと考えられる。このように、食生活や生活環境の変化に伴い、背骨に見られる病気は変わっていったといえるだろう。

人骨はどこから出土するのか

貝塚から出土する人骨

「貝塚って何?」と友だちの子どもに聞かれたので、「昔の人が食べた貝の殻が捨てられたところ」と答え、さらに、貝塚からは人骨も出ることがあると話すと、その子の目は輝きだした。

では貝塚とは何か。それは今述べたように、貝殻などが投棄された場所であることは間違いないのだが、そればかりではない。住居址や貯蔵穴、そしてお墓などが共に検出されることがあるのであって、つまりそこに暮らしていた人びとの生から死にかかわる舞台となった、まさに生活の場なのである。このように、当時の人びとの生活状況を考察する格好の資料となるのが、貝塚という遺構であり、そこから出土する遺物なのである。

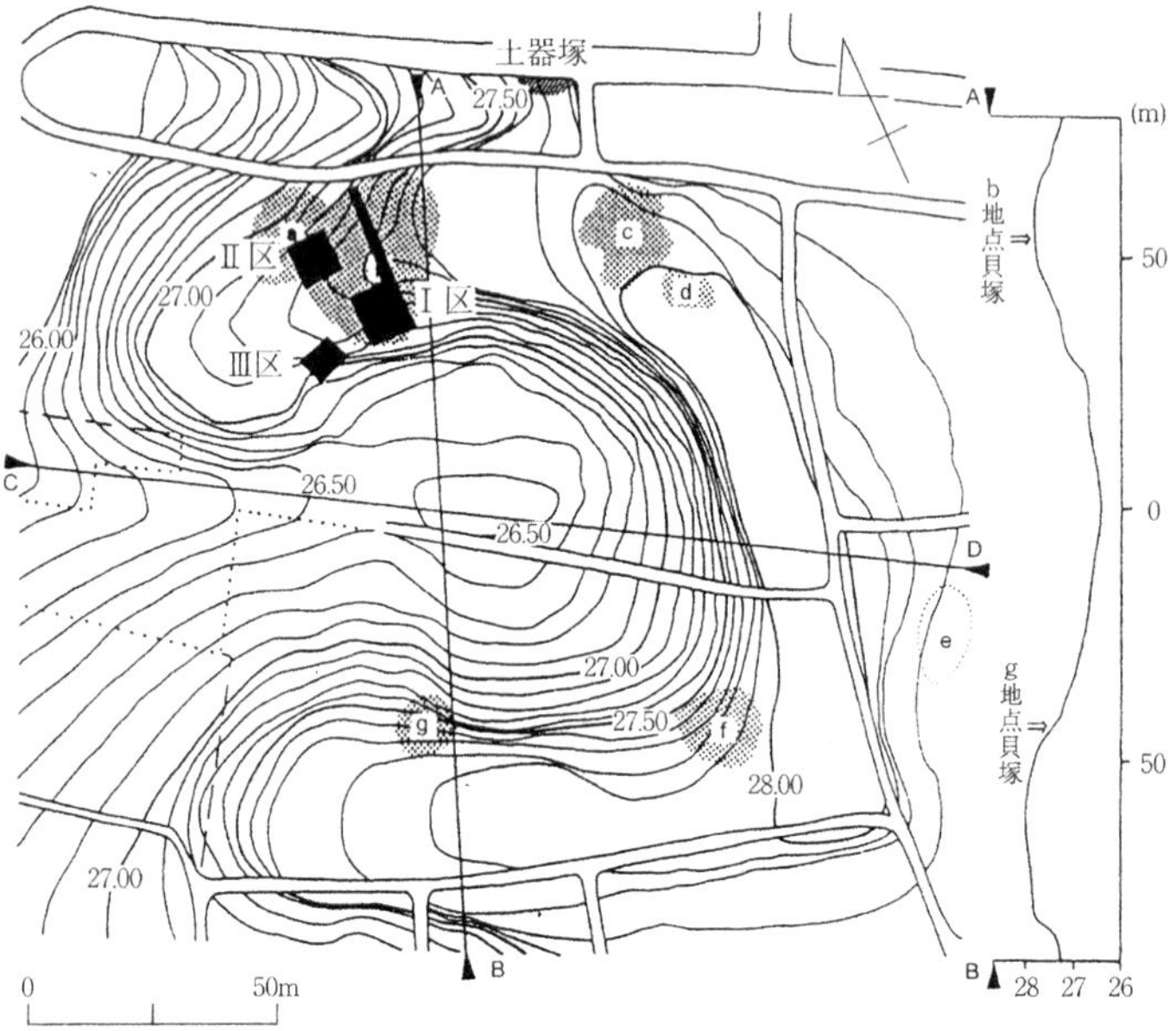

図24　曲輪ノ内貝塚の地形測量図

（谷畑美帆・阿部芳郎・白石哲也2006「千葉県曲輪ノ内貝塚発見の縄文後期人骨」『考古学集刊』第２号　明治大学文学部考古学研究室編）

ご存じのように、千葉県には貝塚が多い。日本全国には約一五〇〇の縄文時代の貝塚があるが、千葉県にはその約三〇％（五〇〇件）がある。

ここで取り上げる曲輪《くるわ》ノ内《うち》貝塚もその一つで、千葉県佐倉市の上総台地の中央部に位置している。曲輪ノ内貝塚の中央部には窪地《くぼち》があり、窪地を取り巻く高まり部分にa～f地点とした小さな貝塚が五〇㍍《メートル》間隔で環状にめぐっている。

印旛沼《いんばぬま》沿岸には縄文後、晩期に相当する遺跡がまとまって所在しており、一種の遺跡群を形成している。この遺跡群は、いわゆる「谷奥型環状遺丘集落」と呼ばれるものであり、集落を伴っている。これらの集落の中には、環状の高まり部に土器塚などの存在が確認されており、長期にわたって居住活動が営まれていたと考えられている（図24）。また、盛土が遺跡の周りを環状にめぐっている。

このような性格の遺構は一般に「環状盛土遺構」と呼ばれており、祭祀にかかわる遺構とする見解も出されている。しかし、環状に盛り上がった遺構がどのように形成されたのかを把握することが難しく、現段階では、こうした遺構を祭祀に関わるものと言い切ってしまうのはやや早計と考える研究者もいる。

この遺跡の住居址床面下からは人骨（壮年女性）が一体出土している。この女性人骨には、妊娠痕や抜歯なども確認されており、興味深い。環状盛土遺構の一つである曲輪ノ内貝塚から出土人骨が確認されたことで、遺構を再検討する手がかりを得ることができる。今後、この種の遺構の調査成果を待って、環状盛土遺構について再考察していくことになるのだろう。

遺構からわかること

縄文時代の人びとは、死んだら、穴を掘ってそこに埋葬されることが多かったようである。では、こうしたところから出土する人骨、及び遺構は何を語るのか。人骨が出土していない土壙《どこう》（お墓である穴）はたくさんある。そのため、それらが本当はどのような遺構だったのかを認識することが難しい場合もあり、人骨が出土している土壙のみを墓壙《ぼこう》としている場合もある。

縄文時代の遺構から出土する人骨は、実は貝塚から出土するものがほとんどだ。先述したように、住居址の床面直下等から墓壙が発見されたりもする。こうした場合は、かつて墓域だった場所が、居住空間に変わったことを示している。また、埋葬に関しても、そこにはさまざまな規則性がある。ここで少し時期を追いながら見ておこう。

縄文時代草創期及び早期に相当する墓については、よくわからないことが多い。また集落との関係も不明なものが多いようだ。しかし、前期に形成され始めた環状集落では、広場となった中央部（＝貯蔵施設や埋葬施設、祭祀用と考え得る施設などがある）の周りに、土壙群が配されることが多い。

環状集落がピークを迎える頃に形成された岩手県紫波町の西田遺跡（縄文中期後半）は、直径一五〇㍍を超える集落である。ここでは中央広場を囲むように大小の掘立柱建物群が配され、その外側に住居群、さらにその外側に貯蔵穴群が二重、三重にめぐる重環状構造をみせており、中央広場からは列状に分布する少数の墓を放射状に配した一九二基の楕円形の土壙群が検出されている。またこれらの土壙群は、居住域とは明確に区別されており、真ん中で左右に分けると左側（この場合は北側）の方で遺構数が多くなっている。また中央の墓群の中に、二列にならんだ一〇基ほどの墓をみてとることができ、他の墓壙とは様相を異にしている。

東京都多摩ニュータウンNo.107遺跡（中期後葉〜後期初頭）における環状集落の中央部には一九八基の墓壙が造営されており、これらは四群からなると考えられる（図25）。この墓群の形成過程を分析した佐藤宏之は、群の間に時期差が認められず、四群が並存の形で墓群の造営が進行したことを示すことを指摘しつつ、装身具類が、四群にほぼ均等に分けて保有されていることを述べている。

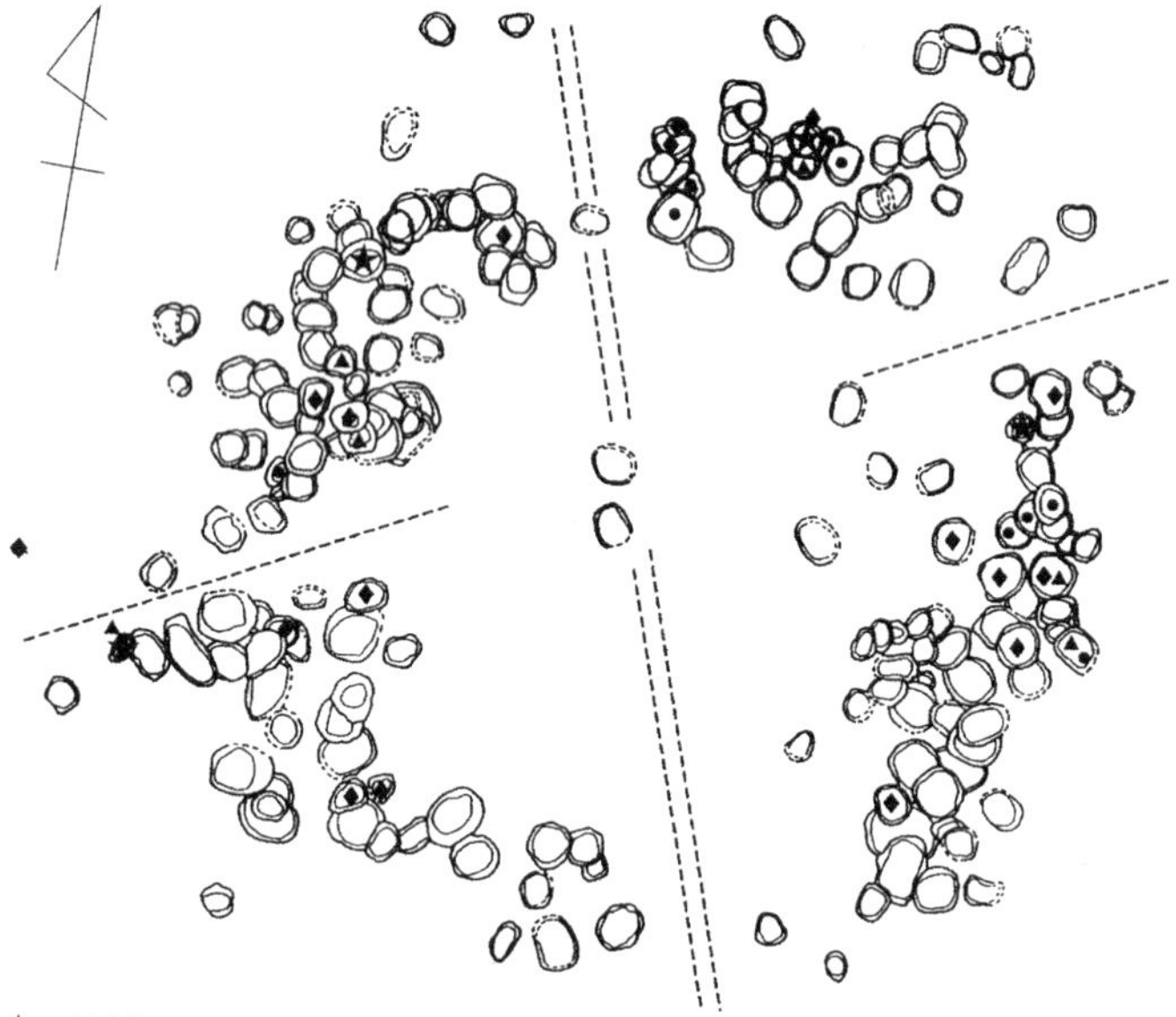

★ 石製垂飾
◆ （略）完形土器
▲ 土器底部
● 大型破片（口縁部片）

0　10　20m

図25　墓群に表れた分節構造（東京都多摩ニュータウンNo.107遺跡）
（東京都埋蔵文化財センター編1999『多摩ニュータウン遺跡―No.107遺跡―旧石器・縄文時代編』）

このように、縄文後期になって本格化していく、一定の規則性をもつ集団墓が、中期後半ごろには成立し始めたと考えられる。こうした集団墓の成立は、新石器文化の定義のメルクマール（示準）であり、すなわち農業経済基盤が確立し、定住生活が安定することによって成立したとも考えられる。一方で、世界各地には、農耕経済以前に集団墓を営む、季節的な移住をくりかえしていた集団もあって、この時期の人びとの暮らしぶりや生業がどのようなものだったのか、さらに考察を進めていく必要がある。

縄文社会を考察する

中期になると、東京湾沿岸、中でも千葉県側に大きな貝塚が形成されるようになる。松戸市子和清水《こわしみず》貝塚もこうした「大規模貝塚」の一つで、環状に配された住居の周辺に袋状土坑があり、中央部が広場、遺構の配置と重なるように地点貝塚が環状にめぐる独特の形態をとっている。船橋市の高根木戸貝塚などの場合は、中央部の土坑群は未調査のままであるが、台地の縁辺部に住居址を配する典型的な環状集落となっている。この他にも、貝塚を伴う環状の集落が多数存在する。市原市の草刈貝塚なども環状集落（阿玉台《あたまだい》式～加曾利《かそり》EⅢ式期）を中心に営まれたものである。このような千葉県内の縄文中期の集落では、漁撈や貝採り活動などと共に、堅果類などの保存技術が一般化したことが土坑群（貯蔵穴群）の存在から確認できる。

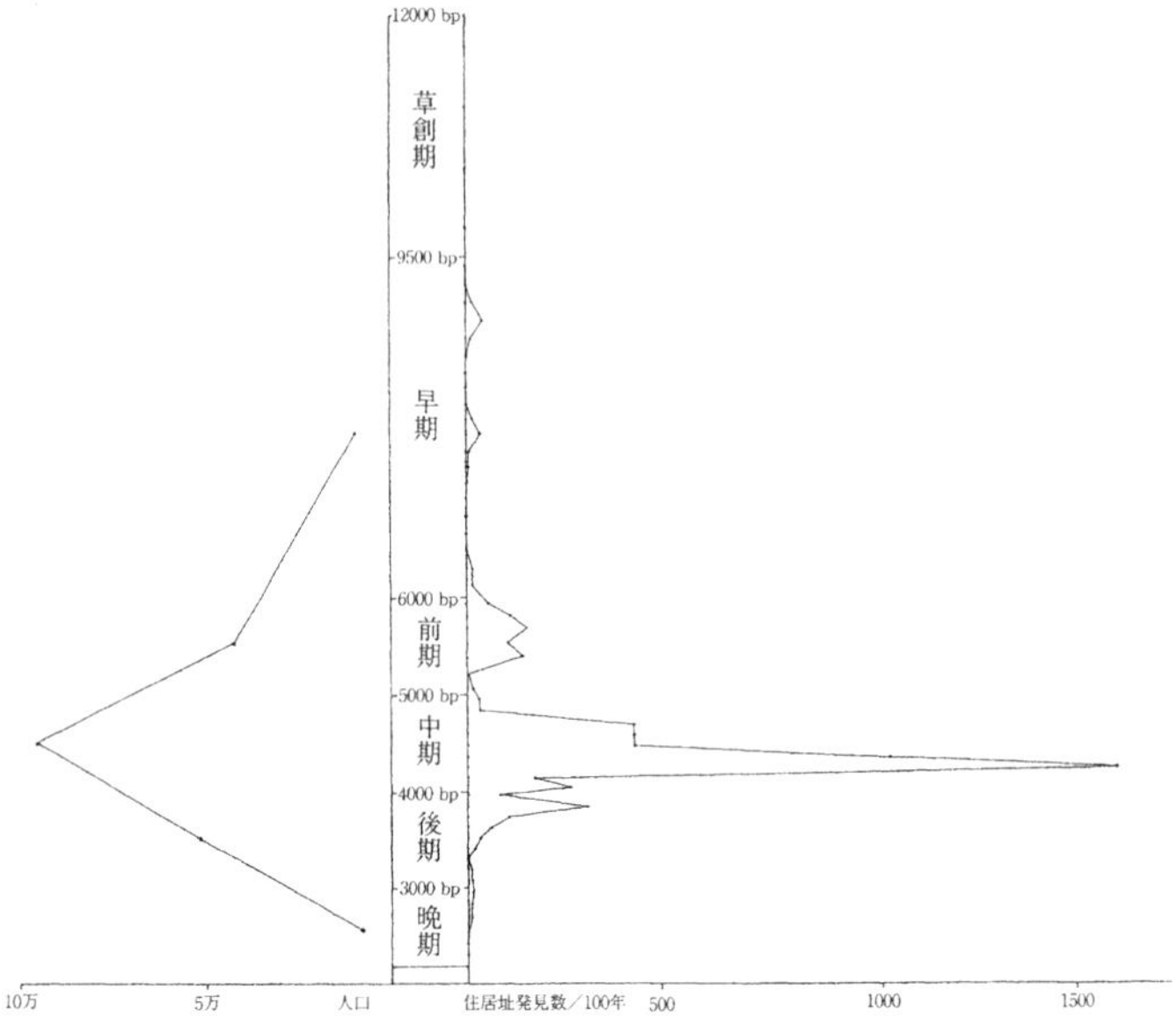

図26　小山修三の遺跡数による人口推定（左側、関東全体）と
今村の住居址数による人口推定（右側、南関東のみ）の比較
（今村啓爾1999『縄文の実像を求めて』歴史文化ライブラリー76 吉川弘文館）

関東地方における縄文時代中期の人口は、住居址などの遺構研究から約二六万人と考えられている（図26）。しかし、これを裏付ける人骨資料は、遺跡から出土していない。前述したように、人骨の遺存状態は土壌の性質によって異なり、日本の土壌は酸性に傾いているため、一般に人骨資料の遺存状態が悪い。そのため、現段階で観察できている資料は、貝層に守られた状態で偶発的に出土したものに限られている。当然、これ以外の場所に埋葬された人たちもいたはずであるが、ほとんど検出されていない。こうした中で、縄文時代が階層化された社会とみる指摘も近年なされてきており、私たちの目の前に現れた人骨は、ある特定の社会階層に属する人物である可能性も捨てきれない。

関東地方を中心に大量の土器が出土する縄文中期は、縄文時代の繁栄期とみることも可能である。しかし、個々の遺物や遺構は、当時の社会においてどのような意味を持っていたのか。用途・機能も含め、考察することは難しい。それは、当時の社会に生活していた人びととそれを考察する現代の私たちの考え方が異なっている可能性が往々にしてあるからだ。といって、過去の社会を見ることはできないし、残された遺物や遺構から、自らの属している社会のスキーマ（論理的枠組み）にのっとって考察を進めていかざるを得ない。すなわち、資料をみる際、無意識のうちに、私たちはこのスキーマを介在させて、考察を

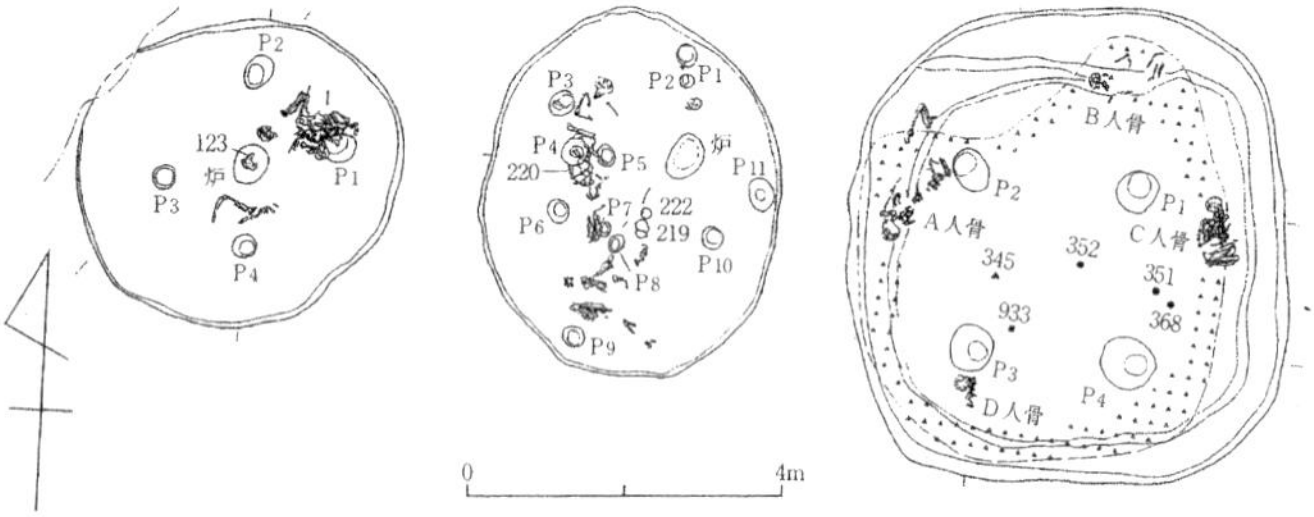

図27　千葉県草刈集落の多遺体廃屋墓

（左から202号，228号，516号住居）

（高橋龍三郎2004『縄文文化研究の最前線』早稲田大学出版部）

表7　千葉県草刈集落廃屋墓遺体の時期別頭位方向

	阿玉台Ⅳ～中峠式	加曾利E1,2式	加曾利E3式
廃屋墓	男　東　（202A） 東南東（228A） 南　（516A） 西　（516B） 北　（516C）	東　（207B）	東（216A） 東（509A）
	女　北　（208C） 北北東（228D）	北　（511） 北　（211） 北東（480）	
土　坑	男　南　（585） 南　（760）	南　（552）	

注　（　）内は住居址番号を示す．

（高橋龍三郎2004『縄文文化研究の最前線』早稲田大学出版部）

進めてしまう。そして、そこから逃れるべきことを忘れて、結果を提示してしまうのである。そうはいっても、このスキーマというものは、私たちの体に染み付いてしまっており、これから逃れることは難しい。ではどうしたらいいのか。

最近アフリカ等において調査を実施している高橋龍三郎氏が述べているように、民俗的なデータを援用するのも一つの方法であろう。ご本人も、この方法が適切であるかどうかについていつも懐疑的であらなければならないとしている。が、ドイツの思想家コッパーも述べているように、出土遺物や遺構は先史時代の社会組織を間接的にしか再構築しないため、問題となる集団と同一系統に属すると考えられる現代の集団であっても、後世の社会組織を関連する先史文化に当てはめて考えることは危険であろう。とはいえ、当時の社会や組織を観察することは不可能であり、自らのスキーマを斜視するためにも、こうした調査は必要なのである。

では、こうしたさまざまな問題点を踏まえたうえで、縄文時代の遺構から、この種の問題にどこまで迫っていけるだろうか。

縄文中期に発達する環状集落には、いわゆる「廃屋墓」が確認されることがある（図27）。廃屋墓について、坂詰秀一氏は死者が生じると住んでいた住居を廃絶し転じて墓となすものと定義している。こうした墓は、関東地方の京葉地域に多くみられ、当時の親族構造などを考察する上で重要な資料と考えられる。

例えば千葉県市原市の草刈遺跡の廃屋墓には、六、七体の被葬者を埋葬する多遺体廃屋墓（阿玉台Ⅰ式〜中峠式期）と一、二体を埋葬する少遺体廃屋墓（加曽利ＥⅠ式期）があった。高橋氏は、この遺跡から出土している人骨の頭位方向を調査しており、そこに性差が認められることを確認している（表7）。すなわち、男性では、わずかの例外を除き、その多くが東方向、女性では北方向をとっていることが明らかとなっている。また、廃屋墓を二つのブロックに分けて考えてみると、男性主体のものと女性主体のものに分けられることも指摘されている。

さらに高橋氏は、米・北西海岸のハイダ族においても、死者を葬るための家屋がクラン（氏族）ごとに用意されていることを指摘しつつ、千葉県草刈遺跡の廃屋墓に埋葬されている数体の人骨も血縁関係にない、異なる親族組織とみなしている。すなわちこの遺跡では、三つの廃屋墓にそれぞれ数体の人骨が埋葬されており、集落内にはリネージ（血縁関係、系族）を異にする集団が近接して、少なくとも三つ居住していたとも考えられるのである。

土器からわかること

イギリスの考古学者チャイルドは「土器は人類が化学的な変化を応用した最初の出来事である」と述べた。土器の発明によって、「煮炊き」という新たな調理方法がもたらされ、食事内容が豊かになった。これはたしかにある種の革命である。肉などの場合は生食以外に焼くことによって、複雑な味わいを出すことができていただろうが、プラス煮込むというバリエーションが加わったのである。

諸説あるが、今のところ世界で最も古いとされている土器は、一万六五〇〇年前に相当するとされる青森県外ヶ浜町の大平山元《おおだいやまもと》Ⅰ遺跡の出土品であろう。世界で最も古い土器はなんと日本から出土しているのである。これは私がかつて大学の講義で初めて聞いて驚いたことの一つであった。

世界にはエジプト文明やメソポタミア文明といった、いかにも古めかしい文明がごろごろしている。そのため、当初、私は日本列島の考古学はたいしたことがないと思っていた。しかし、こんな古くにすばらしい文化があったなんて、と思い、感動したものだ。

考古学者の九割は土器の研究者である。これは決して、おおげさな値ではないだろう。それほど、土器というものが、遺跡から出土する遺物の中では重要なポジションを占めているのである。同時に、土器が、他の遺物に比して出土量が多く、その出現によって、新

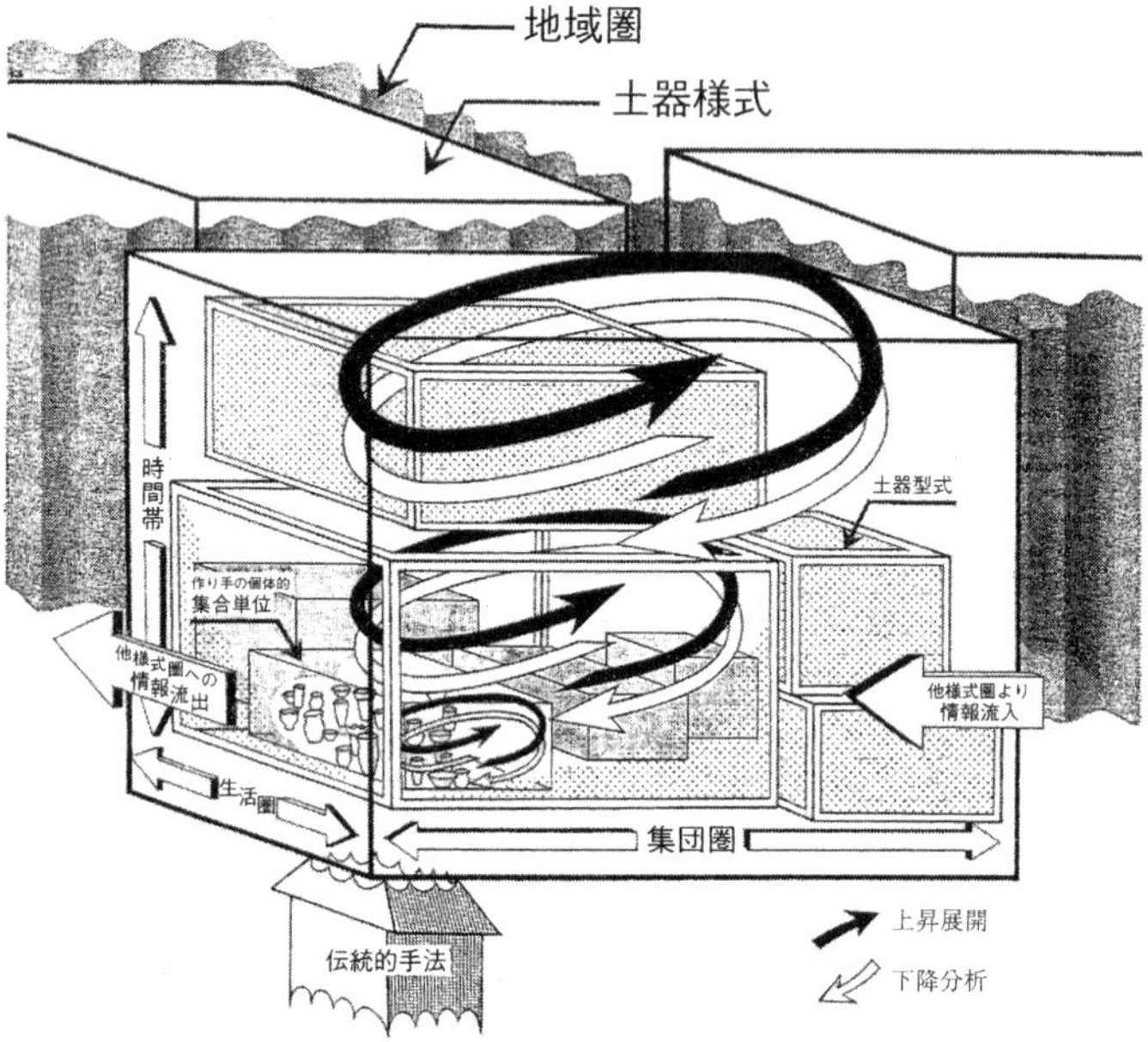

図28　土器様式の設定と地域圏概念図
（山村貴輝1994「様式と地域社会」『季刊考古学』48号）

しい調理方法が開発され、人びとの食生活が豊かになったことなどにもよると思う。では、その土器からは、どのようなことがわかるのだろう。

縄文土器にはさまざまな型式があり、そこに出土した層位の研究を加味することによって、分類・編年作業が推進されている。また、土器の型式は、文様や形態的特徴といった造形上のまとまりを越えて、その範型を共有する集団を意味しているとされる。かつて小林達雄氏が言ったように、すなわち型式は個人的な作品の単なる類似性ではなく、同じ範型を共有する集団の表現形態なのだ。そこで、分類作業を通して設定された型式がそれに関わる集団を意味するという理論的根拠が成立する。また、形式のまとまりを様式としてとらえ、縄文社会の様相をみていこうとする考え方もある（図28）。土器を細かく見ていくことで、文化的にどうだったのか、周辺地域との関わり等について考察するのである。

土器は、人の移動や社会体制の変化をも示唆している。例えば、北アメリカのアリカラ族では、土器文様の規則性が崩れた背後に大家族制の崩壊があったとされている。また、人口密度が高いと土器の型式変化も速くなり、型式の数は、人口の少ない場合には、少数にとどまるという事例も報告されている。こうしたことから、縄文中期の勝坂式に相当する土器の出土数が多く、後期初頭に相当する称名寺式土器の出土数が少ないのは、人口増減を呈する痕跡の一つとも考えられている。

年齢による埋葬の相違

これまで縄文時代では、大人と子供の埋葬される地点は明確に分けられていなかったと考えられてきた。しかし、山田康弘氏が指摘するように細かくみていくと、違いを見出すことも可能なようだ。

例えば、千葉県松戸市の貝の花貝塚などのように、大人は屋外に埋葬されているのに対して、子供は、屋内である住居址の床面などから出土することがある。こうした住居内埋葬の子供を特殊な事例として取り扱う研究者もいるが、山田氏はこれには懐疑的だ。千葉県市川市の権現原《ごんげんはら》遺跡では、三体確認されている子供は、すべて住居内埋葬である。この場合も、貝の花貝塚同様、大人はすべて住居址外に埋葬されている。

それでは、加齢性変化のみられる老年の個体においても、何らかの区分が見られるのだろうか。千葉県茂原市の下太田貝塚から出土している後期人骨の中には、四体出土している。このうち三体は、複数が一緒に埋葬されている。この「複数埋葬」は、宮城県東松島市の里浜貝塚から出土している老年人骨などにおいても確認されており、この年齢に相当する人骨に認められる特性なのかもしれない。この他老年の埋葬人骨においては、壮年期・熟年期に相当する人骨より、装身具などの副葬品の保有率が低いこともわかっている。

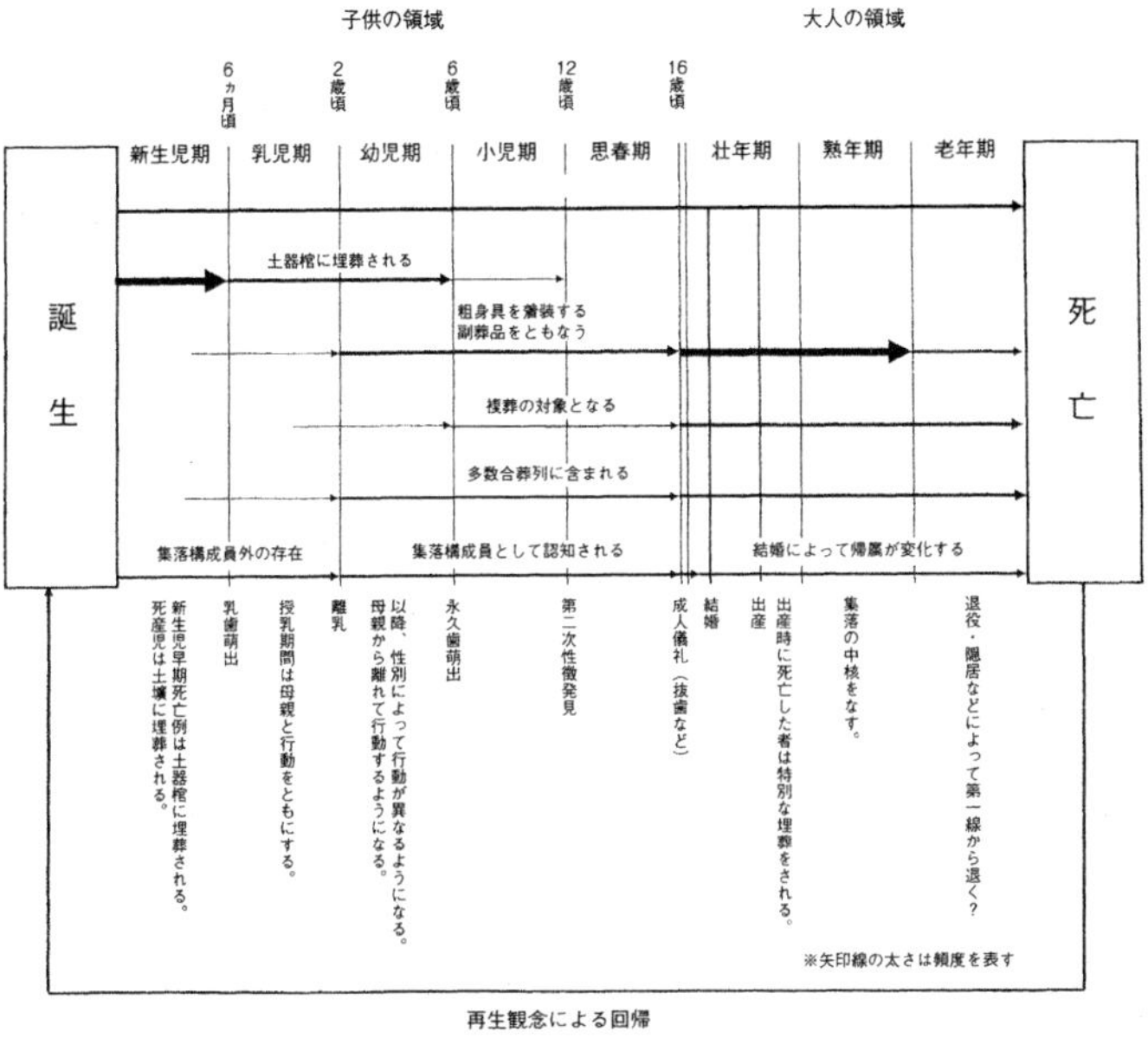

図29　縄文時代におけるライフヒストリーモデル
（山田康弘2008『人骨出土例にみる縄文の墓制と社会』同成社）

こうしたことも併せて、山田氏は、縄文社会では性区分や出自区分及び年齢区分が相互に重層化した構造をもっていたと考えている。縄文時代の人びとが各年齢に応じた個々の人生を送っていたことなども指摘されている（図29）。

亀ヶ岡文化期における葬制を分析した本田嘉之氏は、土壙の形態による副葬品の相違はなく、これらは埋葬姿勢や被葬者の身体の大きさによるものと述べている。そして土壙には、楕円形と円形の二種類があり、円形で小型のものは未成人埋葬、大型のものは合葬、楕円形は成人の単独埋葬であることを指摘している。またこの時期における遺構の特徴を以下のようにまとめている。

1　副葬品は一般に少なく、まったく検出されないものも多い。
2　副葬品の出土する土壙は、一部のものに集中する傾向にある。
3　副葬品の種類が各遺跡に集中している（玉類・石鏃・土器・耳飾など）。
4　各遺跡においてベンガラの散布が検出されている例が一部の土壙に看取される。

中でもベンガラの散布は、前期以降、日本列島各地で普遍的に実施されており、その散布は、頭部と胸部を中心に主として上半身に多く見られる。また、後期に相当する遺構だが、秋田県能代市の柏子所《かしこどころ》貝塚例のように頭部に集中しているものもあるという。

副葬品の変遷

縄文時代の遺構から遺体と一緒に埋葬される副葬品の保有率は、実はそれほど高いものではない。しかし、まったく何も副葬されていないわけではないし、そこにはなんらかの規則性もあるようである。そのためここでは、どのようなものが副葬されるのか、性別や年齢による違いはあるのかを概観しておきたい。

中村大氏は、日本各地の縄文時代の遺構から出土した副葬品の集成を行い、時期差などを含めた特性を把握しようとしている。彼はここで副葬品の変遷を見るために縄文時代を以下のように、Ⅰ期からⅢ期の大きく三つに分けている（表8）。

Ⅰ期（草創期～早期後葉）

深鉢形土器・石鏃《せきぞく》・石匙・石錐・搔器・削器などのいわゆる日用品が主体であり、サメの歯製や貝製の垂飾品や矢柄研磨器などが副葬されている。性差については不明であるが、副葬品を持つ墓は、大人に限定されると考えられる。副葬品の保有率は二〇％程度である。

Ⅱ期（早期末葉～中期）

土器・石器10以上	玦状耳飾り			土製耳飾り			骨製耳飾			石製玉類			石製垂飾品
	総数	男	女	総数	男	女	総数	男	女	総数	男	女	
2													1
1													
1													
							1						
13	4												1
	9									2			4
	31									18			12
	32		3							4		1	4
							1						
	1						1	1		5			1
				3		2							
	4			8		1				5			8
1										2			
				1	1								
1										17			4
	81	小計		1						19			2
1	鹿角製玦状			6									4
4	総数	男	女	9						6			4
	1		1	1	1		1		1	1	1		
11				2						57			5
				10		1				5	1		4
				12						84			2
				9			2	1	1	3	1		1
	1		1				6	5	1	2			
	3		3	2	1		1		1	1			
35	5			64			13			231			57

表8　縄文時代の墓壙から出土している副葬品の集計

区分	時期	地域	遺跡数	深鉢	石鏃・石匙等	石槍	打製石斧	磨製石斧	浅鉢・鉢	注口・壺
第I期	草創・早期	北海道東部	6		20	1		1		
		北海道南西部	2	7	17	3				
		東北北部	7	5	6		1			
		関東～九州	11	5	6	3				
第II期	早期末～前期	北海道・東北北部	23	66	28	8	5	11		
		東北南部	9	10	6	2	1			
		関東・甲信越	28	38	54		14	4	110	
		北陸・近畿・中国	6	1				1		
		九州	2							
	中期	北海道～東北北部	25	39	24	4	1		3	
		東北南部	7		1					
		関東	49	82	30		16	2	12	
		北陸	6	1		1				
		九州	1							
第III期	後期	北海道東部	2		3					
		北海道南西部	14	12	43	1	8	40	2	6
		東北北部	14	11	10			1	2	12
		東北南部	7	31	26			4	1	1
		関東・甲信越	34	7	84		67	8	36	6
		東海～九州	14		1					
	晩期	北海道	20	7	38	4	10	16	23	17
		前半・東北北部	34	29	49	2	7	1	27	18
		後半・東北北部	18	18	40	1	4	3	10	9
		関東・甲信越	20	3	1		1	2	4	8
		東海	8							
		近畿～九州	6							
合計			373	372	487	30	135	94	230	77

（中村大2000「狩猟採集民の副葬行為」『季刊考古学』70号）

	貝製腕輪			腰飾り			貝製玉類	石棒・石剣・石刀	漆塗弓	漆塗櫛	奢侈品を持つ子供墓
	総数	男	女	総数	男	女					
	1										
	1		1								1
	4		3				2				
				1				3			
	1		1	3	2						0
	5		3	3	3			2			0
											1
	1		1								
	1						2	20	7	6	1
	1										
				1							0
	3		2	2	1			6		1	2
	13	1	10	2	1	1					2
	2		1				1	4	1	8	2
				1				5			5
								8		3	
	3	1	1	1	1			6		1	6(東北南部)
	4	2	2	34	26	4					2
	10	1	8	11	6	2					2
	50			59			5	54	8	19	24

区分	時期	地域	硬玉製大珠	硬玉製玉・垂飾	琥珀製品	石製玉類30以上	土製玉類	サメ歯製品
第I期	草創・早期	北海道東部						1
		北海道南西部						
		東北北部						
		関東～九州						2
第II期	早期末～前期	北海道・東北北部						1
		東北南部		1				
		関東・甲信越	1		1			
		北陸・近畿・中国						
		九州						
	中期	北海道～東北北部	1	2	2			
		東北南部	2	1	2			
		関東	27	1	7			
		北陸	5					1
		九州						
第III期	後期	北海道東部						
		北海道南西部	2	48	1	9	1	3
		東北北部				1		
		東北南部						
		関東・甲信越	1	5			1	
		東海～九州	2					3
	晩期	北海道		10	3	16	2	12
		前半・東北北部		1			1	
		後半・東北北部		23		16	3	1
		関東・甲信越		1		4	1	
		東海	2					
		近畿～九州						
合計			43	93	16	46	9	24

Ⅰ期同様、日用品的な要素を持つ土器などの副葬は続く。この他、この時期になると希少価値が高く、エラボレート（手間隙《てまひま》をかけた）されたものが本格的に副葬されるようになる。例えば、玦状耳飾《けつじょうみみかざり》・石製管玉・貝輪・硬玉製大珠・琥珀《こはく》製品・漆を塗った浅鉢・石棒などがこうしたものに相当する。また稀な例であるが、滋賀県大津市の石山貝塚（早期）などでは未成人墓には奢侈品《しゃしひん》と考えられるものが副葬されている。さらに土器や石器では性差が確認されていない。が、この時期になると玦状耳飾・土製耳飾や貝輪は女性に副葬され、腰飾は男性に副葬されるようになる。副葬品の保有率は五～三〇％と遺跡によって幅がある。

Ⅲ期（後期～晩期）

貝輪や玉類・垂飾品などの素材や形状の多様化がみられ、籃胎漆器《らんたいしっき》など漆製品の種類も豊富になる。副葬される土器には、深鉢のほかに壺や注口などが加わり、同じ器種の中にも縄文のみのものと漆などによって赤く塗られたものなどが見られるようになり、洗練度に格差が生じている。性差に関してはⅡ期で見られたような相違は確認しづらくなる。が、未成人墓では奢侈品の副葬が目立つ（二四例中一七例がⅢ期に相当）。また、奢侈品は成人墓ではある特定の少数の人物のみに保有されるようになる。

表9　副葬品をもつ子供の墓の割合

	早期〜中期			後　期			晩　期		
	総数	副葬品有	割合（%）	総数	副葬品有	割合（%）	総数	副葬品有	割合（%）
北海道西部から東北地方北部	8	0	0	8	0	0	35	6	17
東北地方南部	6	0	0	12	1	8	16	4	25
関東・中部地方	39	1	3	132	6	5	2	0	0
北陸地方	2	0	0	0	0	0	0	0	0
東海地方	0	0	0	5	1	20	124	2	2
近畿・中国・四国地方	9	1	11	28	3	11	12	1	8
九州地方	22	0	0	15	0	0	2	1	50

（山田康弘2008『人骨出土例にみる縄文の墓制と社会』同成社）

　またⅢ期では、副葬品のバリエーションが見られるようになり、一つの遺跡内において副葬品を持つ者とそうでない者の格差が著しく増大したと考えられている。また、未成人墓に奢侈品の副葬が目立ち、一遺跡内における成人墓から出土する副葬品の保有率に格差があることなどから、後期・晩期の北海道と東北地方などでは階層化した社会が、存在していた可能性があると考えられる。

　栃木県宇都宮市の根古谷台遺跡などでは、前期に相当する四〇〇基以上の土壙が検出されているにも関わらず、耳飾り・玉を出土した墓壙はわずか四基のみであり、一集団内でもごく限られた人物が、こうした装身具を装着する資格を持っていたことをうかがわせる。さらに、西野雅人氏が指摘するように、東京湾東岸の大型貝塚形成期などでは、骨角製の腰飾が成年男性人骨に伴って出土しており、こうした場合には、各拠点集落のリーダー的シンボルとなっていたとみることも可能であろう。

この他、縄文時代の子どもの埋葬について山田康弘氏は、次のようにまとめている。人骨が遺存し、一六歳以下の子どもの墓と考えられるものは全国で約五〇〇基、このうち副葬品を伴うのは二七例となっている（表9）。北海道東部はほとんど発見例がないため除いてあるが、全国的にみると、縄文晩期の北海道西部から東北地方において副葬品の保有率が高くなっている。すなわち、北海道西部から東北地方北部では三五例中六例（一七％）、東北地方南部では一六例中四例（二五％）となっている。この地域において子供のお墓に副葬品の保有率が高い理由について以後、さらに考察していく必要があるだろう。

副葬品である装身具の意味

副葬品の中でも装身具は特別な意味を持つと考えられる。今ではアクセサリーとしての意味しか持たないものが大半であるが、もともと装身具には呪術的な意義が含まれていたのであろう。

古墳から出土する冠や垂飾付耳飾などの場合は、威儀具としての意味合いを持ち、さらに複雑である。とはいえ、縄文時代の埋葬遺構から出土する装身具の総数は決して多いとはいえないが、出土することはしている。

茨城県ひたちなか市の三反田蜆塚《みたんだしいづか》からは、八体の人骨が出土している。このうち四号人骨（成人女性）の左前腕には、一二個のベンケイガイ製貝輪が着装されていた。またこれらの貝輪の直径は、現代の女性が使うブレスレットより小さめである。この種の装身具は、着脱がほぼ不能であり、日常的に着装されていたものと考えられる。そのため、このような貝輪を複数個、常に着装した状態でも、日常生活に差しさわりのない人物、すなわち集団内でなんらかの権力を持った人物であったとみなされる。福岡県芦屋町の山鹿《やまが》貝塚などからも一九個の貝輪を着装した女性人骨と一六個の貝輪をしている女性人骨が出土している。

副葬品としての装身具と被葬者の関係をみている山田康弘氏は、次のような指摘をしている。すなわち、小児期以前では副葬品は首飾・腕飾が中心になっているが、青年期以降多様化する。また、壮年期及び熟年期においては副葬品の着装事例が多いが、老年期になるとその事例は減少するというのである。壮年期や熟年期に装身具の着装事例が多いのは、この世代の人間が社会の中心であったと考えられるからでもあるという。体力的にも十分

表10　年齢別副葬品着装状況

後　期

	新生児期	乳児期	幼児期	小児期	思春期	青年期	壮年期	熟年期	老年期
頭飾							■		
耳飾						■	■	■	
首飾			■				■	■	
胸飾						■		■	
腕飾					■	■	■	■	
腰飾					■		■		
足飾								■	

晩　期

	新生児期	乳児期	幼児期	小児期	思春期	青年期	壮年期	熟年期	老年期
頭飾				■		■	■		
耳飾						■	■	■	■
首飾			■	■		■			
胸飾						■			
腕飾	■		■			■	■	■	■
腰飾						■	■	■	■
足飾							■	■	

(山田康弘2008『人骨出土例にみる縄文の墓制と社会』同成社)

な社会参加が果たしづらかったと考えられる壮年以外の世代では、特定の人物を除き、その果たしていた社会的役割と相関して副葬品が少なくなっているということであろうか（表10）。

山田氏は、装身具の副葬と骨病変の関係についても指摘している。例えば、岩手県大船渡市の宮野貝塚から出土している壮年女性人骨にはイノシシの歯牙を用いた首飾が着装されており、この場合、頸椎に重度の骨関節症の所見が確認されているというのである。また全体として、副葬品の保有率は、東日本では男性に多く、西日本では女性が多くなっている。また、地域で見ると、東日本では首飾りが多く、東海以西では耳飾・腕飾が多くなっているという。ちなみに縄文時代では、貝輪をつける例が確認されるのは関東以西の地域であり、北海道西南部と東北北部では玉類が副葬されることが多いという。

縄文時代の人たちはどこに住んでいたのか

快適な暮らしをのぞむ限り、誰もが自分にとって好ましい場所に住みたいと思うだろう。では、快適な住まいとは何だろうか。今の私たちの場合は、日当たりが良くて、スーパー・マーケットなどデイリー・グッズを入手しやすく、駅に近くて通勤しやすいところになるのだろう。私自身も、手持ちの資金と相談しつつ、マンションを購入するとき、こうした条件をなるべく満たす物件を見るようにした。では、縄文時代の人びとは、どこにどんな家に建てて住みたいと思っていたのだろうか。

縄文時代の人びとが、どのような家に住んでいたのか。彼らの住居そのものが残っていることはない。そのため、遺構から考察することになる。アメリカの文化人類学者であるラオルは、住居の床面積と集落人口が把握可能な事例を基に下記の様な式を導き出し、両者の関係を統計的に求め、居住人員の数を居住面積（平方メートル）の一〇分の一とした。

$$n\text{（居住人口）}=\frac{A\text{（居住址の平面形の面積）}-1\text{（炉を含める面積を1人分と算定）}}{3\text{（平方メートル＝1人の居住必要面積）}}$$

また、縄文時代の竪穴住居の場合、地域・時期差はあるものの、宮本長二郎氏によって平均的な敷地面積は二〇平方メートルと考えられている。

縄文時代の集落では、食料資源の保障があるかどうかで、そこが存続できるかどうかが決まってくると考えられる。そのため、樋口昇一氏は、中期における大集落が約四キロの間隔で並んでいることなどから、一定の領域から日常の食料と各種の原材料を獲得し、不足分を交易などによって補うことがあったと考えている。

一方、国分直一《こくぶなおいち》氏は、中期では内陸において植物資源への依存度が高まったこと、及び海岸部とでは生業形態が異なっていることを指摘している。また、藤森栄一氏は、中部高地でも八ヶ岳西南麓に引き換え、諏訪湖畔の天竜川流出口の岡谷市海戸などでは同種の土器を使いながら、打製石斧や磨石が少なく、石鏃や石錘《せきすい》が多く、漁撈的であることなどを早い段階から指摘している。

今村啓爾氏は、打製石斧・磨石類・石鏃の総数によるグラフ（石器組成三角グラム）を作成し、道具から食性をみることを提案している。このグラムを使って、関東地方全体の様相を検討した西野雅人氏は、西関東・中部高地、茨城県、千葉県では石器の組成が異なることを示している。すなわち、西関東及び中部高地では打製石斧、茨城県では磨石類が圧倒的に多く、千葉県ではこうした偏りが見られないというのである。もちろん同県沿岸部においても同様の状況は確認されており、根菜類（⇓打製石斧）・植物性（⇓磨石類）・陸生獣類（⇓石鏃）といったすべての食材がまんべんなく利用されていたことが想定できる（図30）。

さらに、大工原《だいくはら》 豊《ゆたか》氏は、沿岸部と内陸部から出土する石皿の材質から食性の相違に関

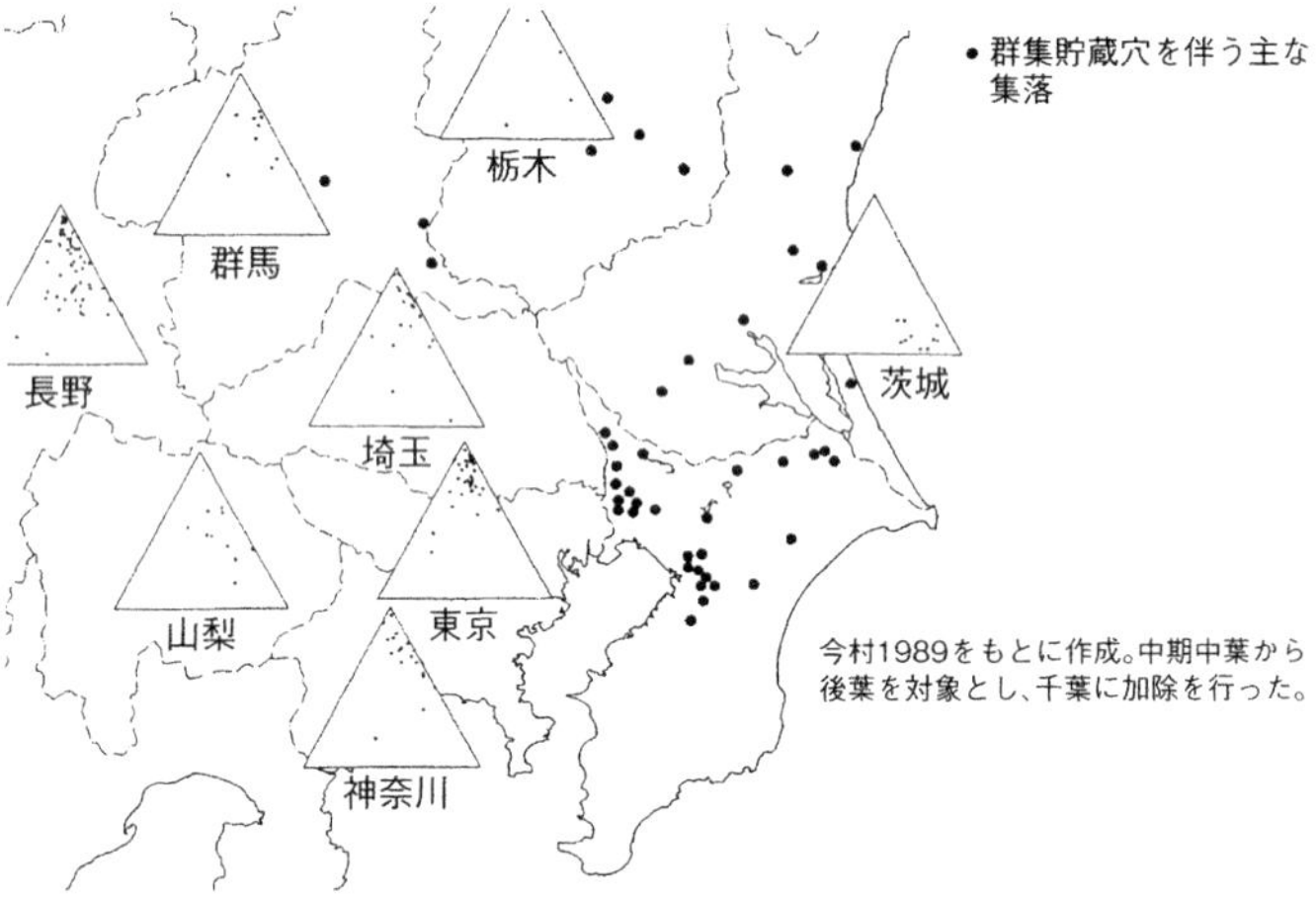

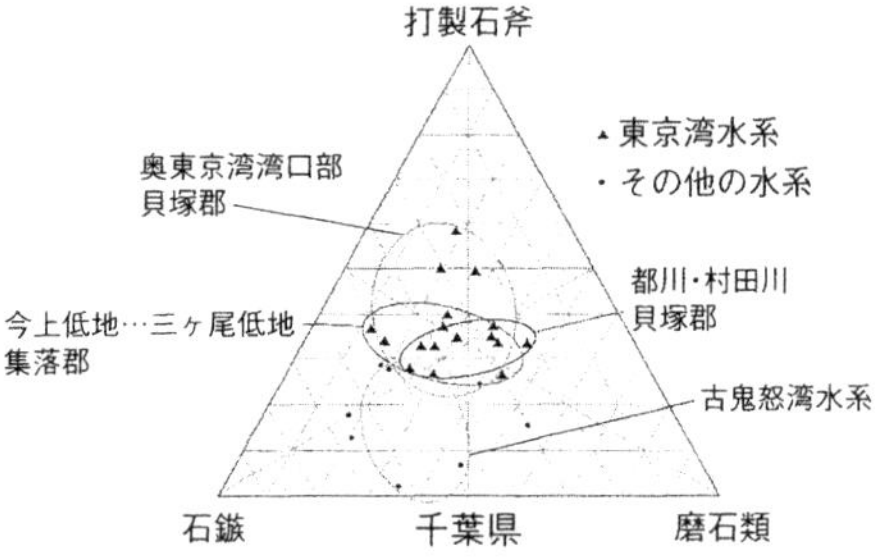

図30　石器組成の比較と群集貯蔵穴の分布
（西野雅人2009「大型貝塚形成の背景をさぐる」『東京湾巨大貝塚の時代と社会』明治大学日本先史文化研究所　先史文化研究の新視点Ⅰ〈阿部芳郎編〉雄山閣）

する考察をしている。すなわち、沿岸部から出土する石皿の中には水分を吸収しにくいものが多いのに対して、内陸部から出土するものには、多孔質の水分を吸収しやすいものがみられるというのだ。これは、石材の選択的な利用から生じたもので、内陸部では、ドングリなどの堅果類をすりつぶし、沿岸部では魚などをすり身にしていたとしている。

縄文時代の集落は、時期や地域によってさまざまである。鈴木保彦氏は集落の形成等から、中部地方及び関東地方では、中期末に何らかの画期が確認されることを指摘しつつ、小規模集落が関西で多く、こうした遺構についての検討を実施していくべきことを同時に述べている。

小林達雄氏は、集落の基礎となる住居は、社会的行事をこなす場であったと考えている。また、全体として五〇人程度の人間が住むこうした住居と貯蔵穴を持つ集落は、九〇〇〇年前頃にはすでに成立していたとしている。

谷口康浩氏は、前期初頭（六三〇〇年前）になると、環状集落という新たな集落形態が出現することを指摘している。すなわち、それまでは列状に並んでいた住居址が環状に配されるようになり、こうした集落形態は、中部・関東地方に現れた縄文時代における集落に大きな画期をもたらしたと考えている。このような集落は中央に広場を持ち、ここを墓域とし、墓域の周りに掘立柱建物と竪穴住居を建てさらに外側に貯蔵穴や廃棄帯などが配される。規模は、それ以前のものと異なり、径一〇〇メートル前後のものも多い。また環状集落の中には集落を形成する集団は二つに分かれていることが多く、墓壙が中心のもの（岩手県紫波町西田遺跡）と住居址が中心のもの（群馬県渋川市の三原田《みはらだ》遺跡）がある。

こうした環状集落の中には、土器・貝塚・土・焼土・灰などの廃棄物を特定の場所に継続的に集積していくような特殊な廃棄行為の痕跡が認められることがあるという。谷口氏は、これを環状集落特有の廃棄物の分布「廃棄帯」と呼んでおり、ゴミ捨て場というよりは、遺物などが継続的に集積される場所として定義している。

砂丘から出土した人骨

海岸線に沈む美しい夕日。この日泊めていただいた国民宿舎マリンテラス（福岡県芦屋町山鹿）から見える水平線はすばらしかった。都会の喧騒を離れて湯船にゆっくりつかりながら、思った。こんなところで暮らすと健康で長生きしそうだなと。実際、この地には、今から六〇〇〇年前にすでに人が住み始めており、その暮らしぶりを色々な資料から垣間見ることができるのである。

ここ芦屋町には山鹿貝塚という遺跡があり、遺存状態・保存状態の良好な人骨一八体（縄文後期中葉）が出土している。これらの人骨からはどのようなことがわかるのだろうか。

出土している一八体のうち三体の人骨は、子供の骨である。その中でも墓地の中央に埋葬されている一体（四号人骨）は、成人女性人骨二体（二号人骨・三号人骨）に挟まれた状態で埋葬されていた。左右どちらの女性がこの子供の母親なのかはわからないが、いずれの女性人骨も全身骨格がほぼ完全な状態で出土するぐらい良好な遺存状態を呈しているにも関わらず、肋骨や鎖骨など骨の一部がない。また右側に埋葬されている二号人骨では、三号人骨の足元に寛骨や肋骨などがまとめて置かれており、左側に埋葬されている三号人骨においては背骨もないのである。これらの骨がなぜないのか……これはなかなか難しい問題だが、何らかの恣意的な目的のため抜き取られたとしか考えられない。しかし、タフォノミー的な考え方から抜き取りを真っ向から否定する人類学者も中にはいる。では、そこから骨病変として提示されるものはどのようなものなのか。

虫歯からわかる生活の様子

虫歯は、前述したように、食生活の変化などと関係があると考えられている。山鹿貝塚出土例の場合、虫歯の所見は四％（三〇二本中一二本）で、同じく後期中葉に相当する千葉県市川市の姥山貝塚出土例とほぼ同様の比率を呈している。彼らがどのような食生活を営んでいたかはわからないが、鹿や魚介類などの骨が高い比率で出土していることなどから、陸生・海生のものをバランスよく食していたことを見て取ることができる。山鹿貝塚出土例では全体としてみると、歯の咬耗が著しいものが少ない。縄文時代中期以降では、歯のエナメル質が喪失し、その下にある象牙質が露出しているものが観察されることが多いが、山鹿貝塚ではそういったものはほとんど見られず、歯の咬耗もそれほど著しくない。先述した茨城県取手市の中妻貝塚出土例のように、姥山貝塚と同じ関東地方でも咬耗の著しくない出土例もあり、単なる地域差で片付けることは難しいと思われる。

話は変わるが、柔らかいものばかりを食べると下顎骨の発達が悪くなり、その骨は小さくなり、そこに生えている歯そのものも小さくなるという。そこで縄文時代の人々はどうかというと、私たちより下顎骨の発達が良いことはさることながら、狩猟採集民全体としてみると歯の大きさは小さめであるという。これを指摘したのは形質人類学を専門とする馬場悠男氏だが、縄文時代の人々の歯が小さめであることから、世界で一番古くから土器が使われていた日本列島で、これらを使って煮炊きをしていた彼らが、やわらかいものを早い段階から食べていたことがわかる。

さて、今まで歯の話ばかりをしてきたが、緑豊かな環境下で生活していた彼らの健康状態がどのようなものであったか、最初の疑問に戻りたい。山鹿貝塚に埋葬されていた人々の多くは、壮年（三〇～四〇歳代）で死亡しており、死亡年齢がやや低めである。早く死んでいるということは、彼らの健康状態があまりよくなかったことを想像させる。しかし、後述するように死亡年齢については、まだまだ検討すべき事柄も残る。資料数がふえ、じっくり考えられればこうした問題に対するもっとよい考えが今後でてくるかもしれない。

考古学と現代社会

社会や文化様相の変化

縄文から弥生へ

縄文時代から弥生時代へと移り変わる頃、人びとの暮らしはどのように変化していったのだろう。これについては従来、それまでそこらへんにあるものを採って食べていた人たちが、「稲作」という新たな生産手段を獲得していったことを示唆すると考えられてきた。しかし、実際にその状況がどうであったのかについては不明な点が多い。

現段階で初期水田と考えられている遺構は、単位面積がかなり、小さめである。また、いくら効率的な生産手段であるとはいえ、その土地に水田という新しい生業手段が定着するには、ある程度の時間が必要だったはずである。不作になってしまえば、そのムラの人口減少という深刻な問題にも直面するだろうし、新しく導入された生産手段に頼り切る覚悟はなかなかできないであろう。そのため、実際に水田を作って、本当におコメが収穫できるかどうかを検討しつつ、本格的に始動していったと考えられる。

弥生時代の生業については、一般に当時の米の収穫量は、今の私たちが想像している以上に少なかったのではないだろうか。そう、当時、米中心の食生活がどのくらい実現できていたのかわからないのである。

米を食べ始めると、でんぷん質に偏った食生活となるため、虫歯の出現頻度が高くなる。実際に、福岡市の金隈《かねのくま》遺跡から出土している人骨資料を観察してみると、その出現頻度は比較的高かった。しかし、この遺跡は弥生時代の中期を中心としたものであり、農耕が入ってきたばかりのころの様相を示しているとはいいがたい。それでは、弥生時代前期に相当する人骨資料ではどうだろう。島根県の古浦《こうら》遺跡の資料から考察していきたい。

弥生時代の人骨からわかること

古浦遺跡は、島根県松江市に位置する海岸砂丘中に広がるものである。埋葬遺構は、弥生時代前期中葉から後葉に相当するものを中心としている。発掘調査は、南北二〇・六㍍、東西一〇・六㍍の範囲内で進められ、ここからは、さまざまな遺物や人骨が出土した。

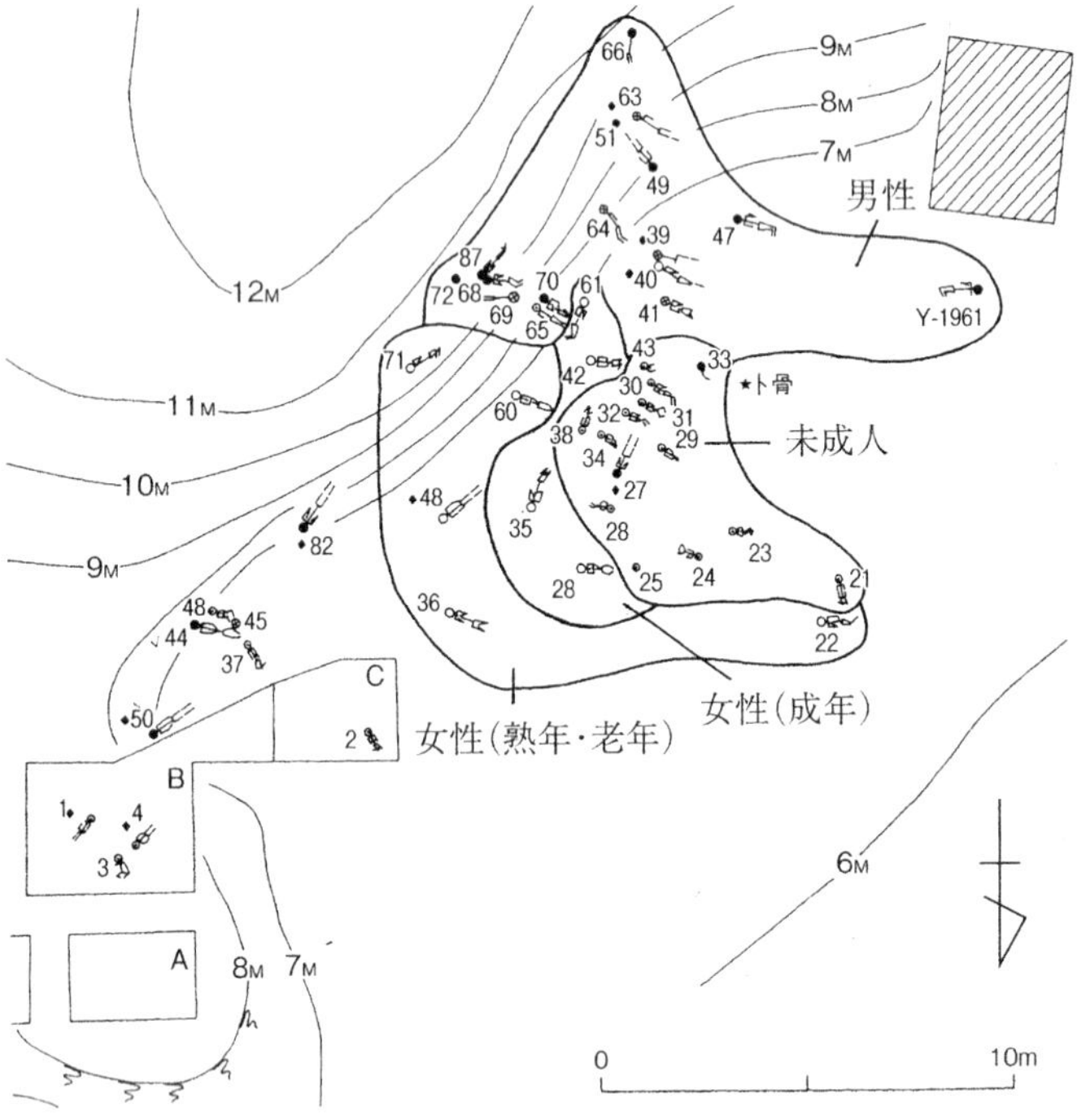

図31　古浦遺跡における被葬者の埋葬位置
(鹿島町教育委員会2005『古浦遺跡』を一部改変)

この遺跡では未成人骨の出土総数が多く、全体の約半数を占めている（四〇体中一七体）。また山田康弘氏が指摘するように、埋葬地点を見てみると、こうした人骨は遺跡の中心部に埋葬されており、その両サイドに男性人骨と女性人骨がそれぞれ分かれて埋められていることが明らかにされている。こうした埋葬形態は縄文時代的な様相を呈しており、弥生時代っぽくないというのである。また、これらの遺構をもう少し細かくみていくとさらに面白いことがわかってきた。

例えば、女性の中でも比較的若い女性は、未成人骨に近い地点に埋葬されており、もう少し年齢が上がった女性の場合は、それよりも外側に埋められている。また、女性人骨と未成人骨が近接して埋められたり、これらに男性人骨が伴うことがある埋葬もいくつか確認されている（図31）。

古浦遺跡から出土している人骨の形質は、人類学を専門とする中橋孝博氏らによって、北部九州を中心に分布するいわゆる「渡来人」の様相を呈するものという指摘もなされている。が、頭蓋骨の形質的特徴を細かく見ていくと北部九州の人骨集団とはやや様相を異にしていることなども明らかになっており、縄文的な形質を持つものともいいがたく、古浦の人骨集団は、渡来系弥生人かそれに近い特徴を持つ一集団として今のところは理解されている。それではこれらの人骨にみられる骨病変はどうだろうか。

古浦遺跡から出土している人骨にみられる虫歯の出現率は、二%と低めである。また、ストレス・マーカーのひとつであるクリブラ・オルビタリアなど他の骨病変を観察しても、古浦遺跡出土例においては、縄文的な様相を呈していることがわかってきた。こうしたことからすると、弥生時代の前期を、弥生時代の中にしっかり組み込んで考えていいのかという問題を人骨資料から提示できるのである。

実際、弥生時代という定義は難しい。遠賀川《おんががわ》系土器の出現をもって弥生時代とすると東日本の多くの地域がなかなか弥生時代にはならない。しかし、佐藤由紀男氏が述べているように、土器の中でもそれまでになかった貯蔵を目的とする比較的大形の「壺形土器」(壺は亀ヶ岡式土器の成立期には既に伴うが、これと無文土器に由来の壺は同列ではない)に注目して区分すると少しわかりやすくなるだろう。こうしたいわゆる「壺形土器」は、これまで必要なかった米の貯蔵という役割を持って出現し、その比率が高くなってくると、弥生時代が本格化していくと、みることも可能であろう。しかし、この移り変わりについては、不明な点が多いのも事実で、様々な視点から今後も考察していくことが必要なのである。

人の移動は何をもたらすのか

大陸からの移民ということを考えてみると、例えば、英国では数回に渡るヨーロッパ大陸からの他民族の流入があった。もともと住んでいたケルト人を大きく駆逐するような形で、ローマ人が大陸からやってきた時期もこうした事例のひとつに相当する。

ケルト人たちは、ビーカー式土器と呼ばれている櫛描き文の土器を使用していた。が、そこにローマ人が入ってくると、アンフォラなどが集落でも使用されるようになり、その様相は一変する。

英国南部に位置するパウンドリー遺跡からはローマン・ブリテン期に相当する人骨が約一〇〇〇体出土している。この遺跡からは、その前の時期である新石器時代に相当する墓域も確認されている。しかし埋葬姿勢は、屈葬《くっそう》と伸展葬《しんてんそう》を織り交ぜたものから、ローマン・ブリテン期になると伸展葬に統一されている。埋葬姿勢については、遺跡ごとのバリエーションもあるため、時期によって変化するとは一概には言えない。しかし、ここでは土器型式だけではなく、人骨に見られる病気の所見にも一変することに注目したい。

例えば、虫歯や骨関節症・外傷性疾患の出現頻度が高くなり、ハンセン病や結核といった感染症が見られるようになる。また水道管や食器に含まれている鉛による中毒が彼らの日常生活を脅かすようになる。人間の移動は、土器の変化や生活様式の変化をもたらす一方で新しい病気をもたらすことになったのである。同様の現象は日本の場合、実は縄文時代から弥生時代に移行する時期にみられるのである。

弥生時代になると、大陸から日本に、多くの人びとがやってきた。結局何人の人たちがいつ、どのように大陸からやってきたのかは不明な点が多い。が、北部九州では、これまでの縄文的な形質的特徴を持つ人たちとそうでない人たちが並立するようになった時期があったと考えられている。また渡来してきた人びとと、もともとそこに暮らしていた人びとの間で抗争があったかどうかはともかくとして、彼らが大陸からやってきたことにより、新しい病気が日本列島にもたらされた。それは、「結核」である。

鈴木隆雄氏は、感染症の一つである結核は、免疫のない集団において爆発的な広がりを見せたと考えている。そのため、日本列島にもともと住んでいた免疫のない人たちは、大陸からやってきた人びとがもたらした結核に罹患し、ばたばたと死んでいったと考えられる。そのため、骨に結核の所見を残す間もなく、彼らは死んでいった。他の感染症においてもいえることだが、骨に病的所見が確認されるまでにはある程度の時間が必要なのである。

そして、ある程度の免疫ができた後、結核の所見を骨に残した人びとが確認されるようになったのである。

現段階では古代以前で結核の所見を持つ出土人骨は、八例確認されている。その多くは、弥生時代より一つ後の時代、すなわち古墳時代のものだ。しかし最近では、山陰の一部の地域からも結核の所見を持つ個体が確認されるようになってきた。例えば、鳥取県青谷町の青谷上寺地《あおやかみじち》遺跡からは結核の所見を持つ個体が出土しているし、おとなり韓国のヌクド遺跡からも、結核による病的所見を持つ個体が出土している。このことは結核という新しい病気が、朝鮮半島からやってきた手がかりの一つとみなすことができる。

発掘調査にわく英国

英国南部にある世界遺産ストーン・ヘンジ。二〇〇八年九月、ここで発掘調査が実施された。実施された発掘調査は、一九六四年以来で、実に四四年ぶりであった。そしてその結果、この遺跡が単なる祭祀遺構とは考えられない根拠が提示されたのである。

この遺跡を構成する石ブルー・ストーンは、約二五〇キロ離れたウェールズからイングランド南部へと運ばれたものである。ブルー・ストーンは地元では治癒の石としてあがめられており、イギリスの古病理学者のレビスは、この地が巡礼の場であった可能性を指摘した。また、その根拠として、ストーン・ヘンジ周辺に埋葬された人びとの中には外傷や奇形の所見を持つ個体が多いことをあげている。

ちなみにストーン・ヘンジの近くからは、住居址も見つかっている。こうした遺構が発見されたのは、巨石群から北東に約三キロの地点にあるダーリントン・ウォールズ遺跡だ。同遺跡は直径約四二〇メートル、ストーン・ヘンジと同じく、土塁に囲まれた内部に、同心円状の木柱が立ち並ぶ「ウッドサークル」が検出されたことで知られる。

この遺跡を二〇〇六年、英国の考古学者ピアソンらのチームが調査したところ、八軒の住居址が見つかっている。そのうちの六軒は、平面が五メートル四方の正方形で、中央には炉が設けられ、床面からは木製家具の一部などが出土した。放射性炭素を用いた年代測定によれば、ストーン・ヘンジとほぼ同じ、紀元前二六〇〇～二五〇〇年ごろのものだという。

実は、両遺跡は密接な関係にある。どちらも小石などを敷いた道があり、ダーリントンでは道が夏至《げし》の日没の方向に、ストーン・ヘンジでは夏至の日の出方向に向かっているからだ。ピアソンは、周辺で多くの火葬の跡が見つかっていることなどから、ストーン・ヘンジは死者を記憶にとどめ、葬る場所だったと考えている。

これに対し、ダーリントン・ウォールズ遺跡は、人びとが共に飲食し、冬至《とうじ》などの祭りを行った場所だったのではないかと推測している。あるいは、ストーン・ヘンジを作った人びとが暮らしていた場所だったのかもしれない。

このほか、オリンピック開催前のロンドンでは東部地区を中心に開発に伴う発掘が数多く実施されている。私が渡英中の二〇〇八年八月にも、ロンドン東部のショアディッチにおいてロンドン博物館の調査チームによる発掘調査が行なわれていた。

この調査では英国の劇作家シェークスピアが「ロミオとジュリエット」などの初期の劇を初めて上演した劇場の遺構が検出された。この劇場は一五九九年の借用権をめぐるいざこざで取り壊され、その廃材などを用いて、テムズ河畔に現在も残っているグローブ座が建設されたのである。

発掘調査は開発に伴って実施されるものだ。そのため古い建物をずっと使用している英国ではこうしたことは珍しい。競技スタジアムの建設などに伴う開発によって実施される発掘調査ではこれからどのようなものが出てくるのだろうか。

現代社会と縄文社会を比較して

現代の私たちは、縄文時代の人びとに比して健康なのだろうか。日本人の食生活は輸入に頼るところが大きいにしても、豊かであるといえる。気をつけないと脂質に偏った高カロリーの食事になってしまいがちだが、栄養失調で日常生活もままならないという人はほとんどいないだろう。しかし、だからといって、私たちが縄文時代の人びとに比べて健康だといえるのだろうか。

社会や生活環境の変化に伴い、疾患は変化している。ある病気に有効な薬を開発しても、ウイルス変性によってその薬が効かなくなったり、ガンの治療を集中的に実施してもある種の免疫が宿主である患者にできてしまって薬が効かなくなってしまうこともある。医療と病原菌、そして私たち人間は日々戦っているのである。そして新しい病気が発生するときには、それは、社会に対しての何らかの「啓発」とみてもよいだろう。

例えば、背骨にみられる骨病変を取り上げてみるとこんなことがわかっている。縄文時代の人びとの場合、椎体《ついたい》に骨棘《こつきょく》形成を伴う変形性脊椎症が中心となっている。が、現代の私たちの場合、骨密度の低下により椎体が変形してしまう骨粗鬆症《こつそしょうしょう》が大きな問題となっている。要するに罹患者《りかんしゃ》である人間そのものを取り巻く生活環境の変化に伴い、病気の種類が変わってきているのである。豊かな食生活を営み、平均寿命が著しく伸びた現代社会に生きる私たちは、ある意味では健康なのかもしれない。しかし、それはタイプの異なる新しい疾患を生み出しているに過ぎないともいえるのである。

二〇〇八年盛夏、私は調査とプライベートを兼ねて、南アフリカ共和国を訪問する機会を得た。ちょうどその少し前に秋葉原で無差別殺傷事件がおきたばかりだった。現代日本を象徴する事件の一つであった秋葉原無差別殺傷事件。オタクの聖地として名高い秋葉原は、マディソン・スクエアのように現代では、世界にその名をはせている。そのため、南アフリカでもこのニュースは大々的に取り上げられ、話題になったらしい。

そして、彼らからなぜ？　と問いかけられた。南アフリカにおける失業率は概算で四〇％。とにかく仕事のないこの国では、明日のことより今日の飯である。派遣社員とはいえ、そこそこの給料がもらえるポジションを得ておきながら、無差別事件を起こした彼に何の不満があったのかと彼らは不思議がった。とにかくおおらかだった南アフリカの人びと。明日のことは明日考え、とにかく今日が楽しければそれでいい。この国では、自殺者の数は日本の一〇分の一以下という少なさである。

私は幸せです……と言い続けられる人生はありえない。しかし、それは、個々人それぞれによって異なり、定義づけが非常に難しいものである。そのため、そうなりたいのであるならば、自らの大切なものが何なのかを一度じっくり考えてみるとよいだろう。そうすると、それがとてもちっぽけなものであり、とても壊れやすいものであることを知ることにもなる。

豊かな日本。経済大国としてがんばって走り続けてきた日本。でも、これからはもう少しゆっくり、じっくり歩んでいくほうがいいのだろう。

モノがたくさんあってもそれは幸せとはいえない。これからは精神的な豊かさを追求していくことになるのだろう。しかし精神的な豊かさを追求するのは、物質的な豊かさを追求するよりも難しい。しかし、サブプライムローンの破綻に始まる世界的な大不況の渦に巻き込まれてしまった今、私たちの幸せは何処に行くのか……。じっくり考えてみないといけないのだろう。

考古学の勉強と研究

論争についてのプレゼンをする

私が大学に入学して、すぐに回ってきたゼミ発表は、「ひだびと論争」についてだった。入学したてで何をやっていいのか皆わからず、そんな学生をみかねた戸沢充則《とざわみつのり》先生は、各自にテーマを振ってくれた。

「旧石器時代、縄文、弥生、古墳とそれぞれの時代に関することを自由に調べてきなさい。そして、そこの君は、学史上で重要な論争について調べてきなさい」。

「学史上の論争……って何ですか」と質問したところ、「じゃあ、ひだびと論争がいいでしょう。調べてきてください」と言われた。

学史とは、ある学問における研究の歴史のことである。考古学の場合、時代のあるテーマについてさまざまな考察がなされてきているが、研究者間の意見が食い違って論争となることもある。そこを調べてこい、という宿題をいただいたのだ。そして、論文をいくつか読んだのだが、「何が書いてあるかよくわからないです」と言ったところ、「考古学の用語はやくざの隠語のようなものだから、慣れてください」と言われた。

そうです、とても難しいのです、論文というものは。一般の人向けに書かれた本を読むことは可能だが、考古学の論文は難しいのである。入学して間もない学生には皆目わからず、「バカ」と先輩に言われ続けるのも仕方がないことなのかなとも思った。

しかし、最近になって、大学の頃に読んだ論文や専門書をもう一度読み直して見ると、こんなことが書いてあったのかと思う。難しいのは仕方がない。専門になるということは、そういうことなのだともいえるだろう。だが、もう少し読みやすくてもいいのではないかなとも思うのである。

さて、それでは当時大学一年生だった私の頭を混乱させた「ひだびと論争」とは何だったのか。自らの学部時代の足跡をたどりつつ、みていくことにしよう。

ひだびと論争

「ひだびと論争」とは、一九三七（昭和十二）年と一九三八年、地域研究誌『ひだびと』において、考古学研究者の甲野勇《こうのいさむ》氏・八幡一郎《やわたいちろう》氏と、プロレタリア作家の江馬修《えまなかし》氏の間で交わされた編年学研究の意義をめぐる論争のことである。この論争は、考古学の目的と方法といった本質的な問題が議論されたことで知られている。その本質は研究の方向性や編年研究の現状認識についてのものであった。

この論争は、論争者の一人である江馬修氏が赤木清のペンネームで雑誌『ひだびと』第九号に掲載した論文「考古学的遺物と用途の問題」に始まる。

江馬氏は、この論文の中で、先史時代における社会経済史の解明こそが考古学の責務を述べ、そのための遺物の用途論を発展させる必要などを説いた。そして、編年学派と称される山内清男《やまのうちすがお》氏・甲野勇氏・八幡一郎氏の、当時主流となりつつあった編年研究偏重を批判したのである。これに反論したのが、先に述べた「編年学派」の研究者たちであった。

江馬氏は、考古学の究極の目標が、集落や家族などに基づく社会構成の解明であり、そのためには編年研究に偏重することはいかがなものかと述べる。

これに対して、甲野氏・八幡氏らは、江馬氏の批判を受け入れつつも、編年研究を推進していくことが、遺物用途論を解明するために必要なことであり、今後もクロノロジーに邁進しつづけることを述べている。

これに対して江馬氏は批判を加える。そして、マルクス経済における法則が、日本の先史時代に当てはまると断言できない状況にある限り、日本における特殊性を発見すべきことをも力説しているのである。

編年研究の重要性については、その数十年後にも論議がなされ、藤森栄一氏は「いつまで編年をやるのか」と問いかけた。これに対して、佐原真氏などは、「いつまでも」と答えたという。

確かにこれほど考古学の編年研究が進んでいる国は他にないと思われる。この種の編年研究をやっている国は、日本とお隣の韓国くらい。イギリスにいっても、アメリカにいっても中国にいっても、ここまでのことはしていない。そこで彼らは何をしているのかというと、人類学的アプローチを加味したり、考古科学系の研究に傾倒することが多い。さらには、社会学系の論考から、ヒントを得た過去の社会そのものを復元することに基点をおいたものが目立ったりもしているのである。

とはいうものの、イギリスの博物館で資料を見ているとき、同僚に「こんなに年代を重視する国でなぜ（旧石器の）捏造《ねつぞう》事件がおこったのか」と聞かれたときには、ぐうの音も出なかった。色々な意味で日本の考古学にとってこれは本当に残念な事件だったと思う。

ひだびと論争からの飛躍

大学時代、私は古墳時代の副葬品、中でも大陸系の装身具に興味を持っていた。朝鮮半島の影響を受けた装身具は、きらびやかで美しく、これを身につけていた女性はさぞかし美しかったに違いないと思っていた。しかし、調べていくうちに、これらが美的価値を重視するアクセサリーというよりは、自らの権力を誇示する威儀具としての役割を持つもの、そして、その持ち主が女性に限定されたものではないことを知り、驚いた。

しかし、これを知った後でも、関心がなくなることはなかったので、卒業論文のテーマを大陸系の装身具にしたいと思った。しかし大陸系装身具には、冠・垂飾付耳飾・帯金具・飾履《しょくり》があって、そのすべてをやるのは難しい。そのため三年のゼミでは、指導教員である小林三郎先生のアドバイスもあって、これらすべての遺物の研究史を調べて、自分でやれそう、やりたいと思った遺物に絞ることになった。そして、三年生の一月に、日本各地で出土している垂飾付耳飾（加飾が垂下しているもの）を卒業論文のテーマに決めた。

垂飾付耳飾の中には、重要文化財になっているものも含まれている。そのため、実測できないものも多かった。が、そのうちのいくつかの実測図をとるうちに、新たな疑問がわいてきた。「これをどうやって装着したのだろうか」と。

垂飾付耳飾には、耳飾という名前が付いているので、何の疑問もなく、耳飾だと思ってしまいがちである。が、はたして、すべての垂飾付耳飾が本当に耳飾なのだろうか。垂飾付耳飾の中には、冠の飾りと区別しがたいものも含まれており、出土位置からも「耳飾である」と言い切れないものもある。

以前、日本語学校で講師をしていた。その時、興味本位で学生にこんな質問をしてみた。学生に、色々な時代、すなわち縄文～古墳時代の耳飾を見せ、「あなたはどれが耳飾だと思いますか」ときいたのだ。すると、出身国によって、解答がばらついた（表11）。

表11　あなたが耳飾と思うのはどれですか？

	長い耳飾	短い耳飾	耳　環	土製耳飾
日　本　人		○	○	
中　国　人	○	○	○	
タンザニア人	○	○	○	○
イギリス人		○	○	

すなわち、彼らは自国で見慣れていた耳飾を「そう」と認知したのである。このとき、私たちの遺物に対する思考は、自分たちが生活している社会におけるものに基づいているということを再認識した。私たちは、自らのスキーマに基づいて遺物を見ている。そのため、遺物の用途を間違ってしまうことがある、ということを忘れてはならないと思ったのである。

古病理学の難しさ

東京の科学博物館に人骨を見せてもらいに行った際、研究員の方と少し話をした。彼の専門は形質人類学であるが、人骨の病気をしらべる古病理学にも興味を持っており、色々な本を読み、資料に当たって法医学的な側面からアプローチをしているようだった。

彼はいつも私に耳の痛いことを言ってくれる。それは、古病理学という研究分野の限界について考えさせられることばかりだからだ。変形治癒骨折のように、明らかな所見が確定できるものに限れば問題はないといっていい。しかし、例えば、クリブラ・オルビタリアのように骨病変として観察されるが、結局のところ、なぜこの疾患が生じるのかわからない病気、しかもこうした所見のグレード提示の難しさについては、現段階では答えが出せない。そのため、現状はこうですが……と弱気な発表をせざるを得ないのである。

各グレードごとに死亡した人が解剖できて、その人物の生前の生活状況も追跡できる、といった状況にあることが本当は望ましい。しかし、言うまでもないことだが、このような状況に持っていくことは非常に難しい。かつて梅毒に関する古病理学的研究に大きな進展をもたらしたアメリカの医師ジョーンズはこれに近い状況を作り出し、解剖によって、この病気に関するステージを古病理学的に考察できるようにした。この当時は、南北戦争

（一九世紀半ば）の混乱期であり、人権やその他の問題が幸か不幸かあまり問題にならなかった。そのためこうしたチャレンジャー的な試みができたのであろう。

同じような試みを他の疾患《しっかん》で実施し、日常生活を営むに当たって、どの程度の支障が生じてくるのかといったデータも持っておきたい。しかし、当時の社会、そこに暮らしていた人たちそのものの生の声をなるべく拾うためにはこうしたことを実施していくことはほぼ不可能であり、できないのが現状である。

そのため、ここでは、この状況をよく把握した上で、基本、骨のみから考察していくのが古病理学という研究分野であることを再認識しておきたい。

わからないことが多いし、不安もいっぱい。でもわからないことをわからないままで終わらせてしまっては意味がない。こうした中でもデータを積み重ねていくと少しずつ何かを明らかにすることができる。地道で根気の要る作業。だが、これにつきるだろう。

軟組織があってもわからないことを、骨のみでどう考察するのか。病理学と古病理学は名称はそっくりだが、その中身は大きく異なる。整形外科医になっても、その人物が古病理学者になるには、それなりの悩みがでてくる。

弥生時代には骨に結核の所見を持つ個体が見つかっているが、縄文時代人骨にはこの種の病変を持った個体は今のところ確認されていない。しかし、そうだからといって縄文時代に結核という病気がなかったと言い切ることはできない。それは、骨に結核という病気の所見が残されるには、その人物にある程度の免疫力・体力が必要だし、ある程度の時間が必要であり、骨に痕跡が残される前に死亡してしまっている個体も存在していたと考えられるのであるから。

骨病変《こつびょうへん》として見られるものは、一般にその個体及び集団内における健康状態の指標の一つと考えられている。それでは、縄文時代及び江戸時代人骨において骨病変として観察される所見の出現頻度を比べてみるとどうなるだろうか。そうすると縄文時代人骨の方が出現頻度は低く、江戸時代人骨のほうが高くなっていることが多い。そのため、この観察結果のみから考えると、縄文時代のほうが江戸時代の人々より健康だったということになる。要するにこれらの出現頻度が高いとその個体・集団における健康状態は不良ということになる。すなわち都市化の進んだ江戸の町で暮らすよりも緑豊かな自然の中で暮らすほうが幸せなのだ、ということになるのである。

しかし、事実はそう単純なものではない。江戸時代より縄文時代のほうが生きやすいかというと、果たしてそれはそうではないだろう。というのは、江戸時代の人びとに比べて、縄文時代の人々のほうが平均寿命は短いし、こうしたことから考えると、彼らが骨に病変を残す前に死亡してしまっている可能性も高いと考えられるからである。

このように骨病変のデータのみで当時の人々の健康状態を考えると、ときに誤った結果を導き出してしまうことになる。そのため骨病変に関するデータを取り扱う際には注意が必要である。これは私の先生である鈴木隆雄氏らによって「古病理学的逆説」と呼ばれており、骨病変に関する研究を実施する古病理学者が注意すべきことの一つとされている。

病気とは私たちにとって何だろうか。病気は、個々人それぞれの健康状態の可否に伴うものであり、個人的なものである。しかし、と同時に病気は、その個人が属している集団、すなわち社会全体に関わるものである。すなわち個人的なものである病気は、個人が所属しているある集団がどのような状態にあるのか、またはそこでどのような変化が生じたのかを示唆しているのである。そのため、ある社会でみられる病気を見ていくことにより、その社会の様相を推測することができるだろう。

すなわち、病気を見るということは、集団内でその病気が、存在する意味について考察していくということになる。例えば結核などの感染症が、この種の病気の免疫を全く持たない集団にもたらされると、爆発的に広まっていく。これは宿主である人間が免疫を持たない場合には、極々《ごくごく》当たり前のことだ。しかし、その過程で個々の個体が免疫を持つことにより、疾病そのものは衰退し、伝播の過程で弱まっていくのである。

人間の健康に関する歴史を紐解く研究分野、それが古病理学である。古病理学は、もともとは医学の一分野として発生したものである。しかし現代では、医学・人類学・歴史学・考古学の間に立つ境界領域の研究となっている。そのため、それぞれの研究者が持っているバックグラウンドによって、研究内容もさまざまな広がりをみせるのである。

しかしこうした中でも、考古学的な位置づけは、いまだもって十分とはいえないのである。これは非常に残念なことである。人骨資料から得られるデータを無視して研究を進めていくことが好ましいことではないにも関わらず、である。

また、縄文時代と一口に言っても、その期間は長く、草創期・早期・前期・中期・後期・晩期と大きく六つに分けられている。博物館に展示されている年表をみても、その長さに驚かされる。これだけの長い期間となると、環境変化等についても併せてみていく必要があるだろうし、縄文時代の疾病について語るには、どの時期にどのような疾病がみられるのか、地域差があるのか等について今後より細かく述べていく必要がある。今後は、縄文時代の疾病についてより詳細な傾向を探れるよう努力していきたい。

数年前、日本人類学会において「骨考古学」の分科会ができて、骨を使った考古学はかつてよりも市民権を得てきているようだ。しかし、実際のところはどうなのだろう。

「骨考古学」の可能性

人骨は考古学の範疇《はんちゅう》の入る遺物なのであろうか。「○○考古学」とかって、言わなければならないところに少し寂しい感じもする。なぜなら、石器や土器を用いた研究を、いちいち「石器考古学」とか「土器考古学」とはいわないからだ。こうしたことからも、骨を使って研究することが考古学になる、ということにまだまだ懐疑的な人たちが多いのだ。そしてこれは、日本考古学と欧米のArchaeology（考古学）が、やや様相を異にしており、日本の考古学が、諸外国の考古学とは実は少し違ったものであるからに他ならないのではないかとも思える。

考古学という研究分野は一九世紀中ごろにヨーロッパで成立したとみてよい。すなわち、ギリシア・ローマの古典に記されていることを実際の遺跡で具体的に確認する「古典考古学」が始まり、一八三〇年頃、デンマークのC・J・トムゼンが提示した三時代法により大きく飛躍していったのである。彼は、それまでは無秩序に存在していた遺物を材質によって（石⇓青銅⇓鉄）遺物が時間的に変遷することを示し、分類・編年という基礎が確立したのである。しかし、日本考古学と欧米の考古学は何ゆえにこんなに違っているのだろうか。

日本考古学と縄文土器研究

日本の考古学は、一八七七（明治十）年にアメリカの動物学者モースの大森貝塚（現東京都大田区・品川区）発掘によって始まった。しかし、この際に手ほどきを受けたモースの弟子たちが動物学の研究者となっていったため、彼の考古学的な研究法がそのまま発展していったわけではなかった。考古学的な学術調査も実施されたが、理学部人類学教室が実施しており、東京大学文学部に考古学講座が設置されたのは一九三八（昭和十三）年のことであった。

京都大学では、一九一六（大正五）年、いち早く考古学講座が設置された。日本考古学は、その初代教授である浜田耕作氏によって進展したと考えてもよい。浜田は、縄文時代から中世における様々な遺物を収集し、調査方法を開拓していった。

これに対して、東京大学では、考古学講座の設置が遅れたことなどともあいまって、人骨や獣骨などの自然遺物に比して、当初は土器などの人工遺物からわかることのほうが重視されていなかったようにも思える。しかし、こうした中、人類学と先史学の両方を専攻し、現代の縄文土器研究の基礎を作った山内清男《やまのうちすがお》氏がいた。現在の東京大学理学部の人類学教室に進学した山内氏は、綿密に縄文土器を観察し、分類・編年体系を設立している。彼の研究により、これまで漫然と捉えられているにすぎなかった縄文土器が整理されたのである。土器の型式は様々な要素があいまって変化するのだが、彼はその解釈を提示するための基礎作業を成し遂げたのである。日本考古学独特の土器という人工遺物に対する細かな分類はまさにここに始まったといえるだろう。

前述したが、日本の考古学者は、細かい話が好きである。土器の文様からはじまって、器形やそれを構成する個々の細かな要素を、分類し、編年を組んでいく。そして、そこから交流や交易といった話をしていくのである。編年表は、いくつもあり、○○さんの編年案によるとか、△△さんの分類によればといったくだりが論文中にいくつもでてくることがあるし、そうした考察をもとに、さらに新たに新しい編年表が作られている。こうしたきめ細やかな研究は、もちろん評価すべきものだ。そして、こうした研究の進め方が、お隣の韓国を除いて存在しないのは、残念なことでもある。

しかし、問題点が一つだけある。細かすぎて、その遺物をやっている人間以外には理解しがたいところがあるのだ（私自身が勉強不足ということはもちろん認めますが）。そして、「日本の考古学をやりたいです」といって留学してくる学生の多くは、この日本人ならではの細かさについていけないところがあるのも確かである。実際、縄文時代のことをやりたいといってきた学生が江戸時代に転向したのを私は目の当たりにしたのであるから。

ヨーロッパにおける研究の現状

くりかえしになるが、今のヨーロッパにおける多くの研究者は、日本の考古学者のように、土器などの分類・編年研究はやっていない。彼らは、一つの遺物にこだわるという姿勢をいい意味でも悪い意味でも超越してしまっている。そのため、彼らが土器を分類すると、おそらく縄文時代後期に相当する土器の一つである「加曾利B式」は加曾利B式のままであり、それを加曾利BⅠ式、BⅡ式、BⅢ式までにわけるというようなことはしないと思う。

発掘調査件数の違いにもよるとも思われるが、イギリス人などは、ずいぶん前に研究されたビーカー式土器の分類・編年を用いて、いまだに研究をしている。しかし、それでも困らないのである。

墓制の研究についてもそうである。私がお世話になって資料を見せていただいていた英国自然史博物館には、教会の改葬に伴い出土した近世に相当する人骨資料（スピタルフィールド遺跡出土例）が保管されていた。が、埋葬地点や頭位、副葬品についての研究はほとんど実施されていなかった。もちろんこれは、その博物館の専門がばっちり人類学そのものであったということにもよるのだろうが。

とはいうものの、欧米では、人類学と考古学の境界はそれほどではなく、違和感すら感じないことがある。しかし日本では、これら二つの研究分野の間には深い溝がある。これは人工遺物に考古学者の興味対象が集中しすぎていることによるのだろうとも思われる。

「考古学が遺物に立脚した学問であるならば、人骨資料によっても当然考古学的な考察はできる」

これは、英国留学中にお世話になった先生からいただいた言葉の一つである。先生が言ったように、考古学という方法論の枠組みの中でも、人骨を用いた、考古学は十分可能だと考えるべきなのだ。

遺構から出土する遺物は、大きく人工遺物と自然遺物にわけることができる。前者は人の手が加わったもので、土器や石器、骨角器などのこと、そして後者は、貝や獣骨、人骨など自然のままの状態の遺物のことを言うが、特に人骨については過去に生活していた人間そのものであることもあり、最も重要視すべき遺物の一つであるとここではあえて述べておきたい。

とはいうものの、日本の大学には人骨を系統立てて教えている考古学研究室は、実はほとんど存在しない。古人骨について勉強する機会、資料に触れるチャンスをもたなかった学生がそれらを考古学の対象資料と思うはずもないだろう。とすれば、これは仕方がないことなのかもしれないが、非常に残念なことである。

日本における「骨考古学」

人類学研究室で人骨に触れ、勉強や研究を続けてきた学生の多くは、当然のことながら人類学者になる。彼らの研究姿勢等を否定するつもりは毛頭ないが、彼らの中に考古学的な発想が芽生えることはない。

遺跡から人骨が出土すると、その取り扱いを知った人間である人類学者が、取り上げに呼ばれ、鑑定をし、基礎データを調査報告書に記載していく。だが、そこには遺構との関係を考察する手がかりがきちんと記載されることはほとんどなく、人骨資料は考古学の生命線とも言うべき遺構に関わる情報と切り離された状態で扱われていくことになる。

このように「人骨」を使って考古学的なアプローチをするのは特別なことになってしまっているのである。そしてこれこそが、「骨考古学」という用語が出来上がるにいたったゆえんなのではないか。

人骨を用いて考古学的に考察を進めていくことに特別なことは何もない。他の遺物と同じように層位など遺構から直接得られる情報を大切にし、人骨から得られる情報、そしてその他の共伴遺物から得られる情報から考察していくということをしさえすれば良いのである。

ここで改めて言うまでもないことだが、もちろん人骨を用いて考古学的な研究を実施するに当たっては、人骨に関する最低限の鑑定能力を習得しておく必要がある。そしてこの種の能力は今のところ、考古学専攻の大学において習得することはほぼ不可能である。

遺構やその他の共伴遺物の取り扱いを知っていても、人骨については取り扱いがわからない……。こうしたことを避けるためには、学生が最低一年、人類学研究室などに所属し、そこでノウハウを身につけ、それから考古学の勉強をするということになる。こうしたことが簡単なことではなく、後進の研究者が育ちにくいのは言うまでもないだろう。現在、日本における「骨考古学」とはこのような状況にあるのだ。

もし、過去の社会・生活様相をさまざまな痕跡から探るのが考古学であるなら、出土人骨も含め、出土するものをすべてを使って研究するべきだ。考古学は、四〇〇万年前から一秒前までを扱うものであり、人類史の全体をカバーする学問であるとするなら、そう思わざるを得ない。

人工遺物と自然遺物である人骨からわかること

では、土器や石器などの人工遺物と、自然遺物である人骨をあわせてみると、それぞれから一体どのようなことがわかるのだろう。ここでは実際に例を挙げつつ、みていきたい。

福岡県糸島市に、新町遺跡という弥生時代でも早い段階に相当する遺跡がある。この遺跡の場合、遺構は稲作や磨製石器の農工具とセットで朝鮮半島から伝播したとされている支石墓であった。こうしたことから、ここから出土する人骨の形質的特徴は、当然のことながら渡来人的なものであると思われた。しかし、この人骨を鑑定した中橋孝博氏によれば、この人骨は縄文的な様相を持つことが明らかにされている。

このように、遺構と遺物から見られる事柄と出土人骨から明らかにできる事柄は異なっている場合がある。これはこの遺跡が、縄文時代から弥生時代に移り変わる微妙な時期に相当することにもよるのだろうが、人工遺物と自然遺物が提示する事柄が異なるのは興味深い。

この本を書いている現在は二〇〇九（平成二十一）年である。もちろん、昭和の初めと現在とでは庶民レベルの暮らしぶりも大きく異なっている。例えば、昭和初期には、海外旅行など、普通の人はめったなことではいけなかったであろうが、今では大学生が夏休みにヨーロッパ旅行をすることも珍しくない。そして例えば彼らが、おみやげにチェコ製のボヘミアン・グラス（ピンからキリまでありますが）を買ってきて、それを家族が使うといったことも起きる。こうした場合、昭和の前半と後半では、ボヘミアン・グラスという容器の数の寡多で時期差を出すことができる。が、昭和の後半と平成の前半では、こうした区別は難しい。すなわち、明日から平成なので昭和の器を使うのをやめます、とはだれもいわない。とすれば、時代の移り変わりを見ていくのは非常に難しい場合もあるということだ。こうしたことからすれば、縄文時代の終わりごろ（晩期）と弥生時代の初め（早期・前期）をどこで線引きするかが、いかに困難であるかは、明らかだろう。

では この作業を、どうやればいいのだろう。私はここで、文化の担い手である人間そのものをみておくことの重要性を、あえて指摘しておきたい。

異文化の流入と文化の継承

日本では江戸時代から明治時代に移行する際、欧米から様々な文物や考え方が導入されて、社会は大きく変わっていったといわれている。明治時代になって、士農工商制度が撤廃され、見た目にはさまざまな変化があったようにもみえる。しかし、その中身の変化はゆるやかであった。実際、文化のその担い手であった人間は、紛れもなく江戸時代から日本列島に暮らしていた日本人そのものであったし、外国からさまざまな人々が日本にやってきて居住していたことは確かであるが、その担い手である人間は、それほど急激には変わらなかったのである。

もともと暮らしていた人びとが新しく受け入れた文物や思考が、変化した結果、新しい「文化」が構成される。しかし、そこに文化継承における主役となる人間そのものの存在を決して忘れてはならないだろう。文化を継承するのはあくまで人間なのである。

女性らしい研究とは

私の周囲にいる考古学者の多くは男性である。ここ何年かで女性研究者の数は確かに増えてきた。だが、周りを見渡すと、男性：女性＝八：二という現状はあまり変わっていないように思われる。この分野に女性が不向きなのではないかと思われるぐらい女性の数が少ない。ふと気づくと、宴席に居る女性が私だけということも多々……。このような状況では、例えば縄文時代を考えるにあたっても、男性側の意見を中心に議論が進められていくことになるのでは、と危惧される。

近年、社会学の研究分野を中心に、ジェンダー（文化的性）について語られることが多くなってきた。ジェンダーは、バイオロジカル・セックス（生物学的性）とも関わるものではあるが、異なる部分を多く保持している。すなわち、バイオロジカル・セックスは基本的にどの人間の文化においても同じであるが、文化的性の認識は、個々の文化でそれぞれ異なるからである。

ジェンダーは、社会のさまざまな側面に関わるものであり、研究者は自分が所属している社会における枠組みに基づいて、ジェンダーを考察するということになる。しかし、考古学のように、その研究対象となる社会の様相を認識することすら難しい場合、その社会におけるジェンダーがどのようなものであったかを考察することは大変難しい。

例えば、博物館での竪穴住居での暮らしぶりの展示を見てみよう。最近は減ってきたが、かつてはそこには、正座したお母さんと胡坐《あぐら》をかいたお父さんがそれぞれ仕事をしていることがあった。しかし、この座り方は、私たち現代人のスキーマ（論理的枠組み）を反映しており、実はそこには根拠はなかったりするのである。そのため外国人の方から見るとちょっと不思議ということになる。最近ではあまり見られなくなったが、私が学生の頃はこのような展示が多かったように思う。

縄文時代の人びとが、今の私たちと同じスキーマを持っていたとは限らない。そのため、バイオロジカル・セックスは同じとしても、彼らのジェンダーは大きく異なっていた可能性がある。だからこそ私たちは、こうしたこともきちんと考慮したうえで、考察を進めていかなければならない。生業に関してもやや不思議な展示がなされていることがある。例えば、どういうわけか、狩猟は必ず男性がやり、こまごました仕事は女性がやるといったものだ。この場合も、こういう風に思い込んでしまう私たちのスキーマに問題があるのだ。ジェンダーに関する研究者である松本直子氏は、さまざまな側面から縄文社会を復元しているが、同じ女性である私から見れば大きくうなずける部分が多く、そこには女性ならではの視点が反映されている。

今でこそ少し変わってきたが、私が若かった時は、考古学という研究分野に女性が入っていくことは難しかった。そのため、考古学を続けたいという女の人は、オーソドックスな考古学から少し外れた部分に身をおく傾向にあったように思う。俗に言う「住み分け」であろう。そしてそれは認知考古学であったり、分析科学を取り入れたものであったりした。私自身もその一人であったのだが、そうすることは、自分が女性であるという認識から逃れることができず、自らの研究の幅を狭めていたということにもなっていたのかもしれない。

女性は女性ならではのバイオロジカル・セックスを持つ。男性もしかりだ。とはいえ、女性ならではの柔らかさを保持しつつ、研究を進展させていくのは難しいことである。自分を振り返ってみてもつくづくそう思う。

今でこそ、こんな先生はいないと思うが、私が学生の頃は、「女の子なんだから、いつまでも研究というのはね。いいかげんにしておきなさい」と心配からか、セクハラ的発言をなさる先生もおられた。同性である女性同士のつきあいは、先生と学生といってもなかなか難しい。が、したたかさはもってほしい反面、オンナである甘えは持ってほしくない。男性は総じて女性に甘いし、生意気な女性には辛《から》い。特に日本の社会では、そうである。そのためだろうか。考古学を続ける女性が極端に少ないのは……。私はなぜ続いているんだろうと思ったが、結構無理しているところもあるかもしれない。ふと気づくとかわいくないオンナになっていたり、肩に力が入っていたりするようだ。どうしたらいいのか、私自身、よくよくこれから考えていかないといけないのだが、まあ、これもなかなかどうして……である。

そして、学生指導に際しては、あまり力まず、性差をつけず、彼らの将来を考えて、時には優しく、時には厳しくをモットーに人間として素敵な人材を育てていきたいと思っている。そして、これがものすごく難しいことを身をもって昨今体験しているが……。

あとがき

本書は、縄文時代の研究を概観しながら、この時代の出土人骨に関する筆者の研究を加味し、まとめあげたものである。

実は、タイトルに掲げた「縄文人」という言葉にはやや抵抗がある。考古学研究者はあまり使わない言葉だからだ。が、ここではリズムの良さからあえてこの単語を使うことにした。私自身、縄文時代の骨を見始めてからまだ五年しかたっていない。こうした中でこの本を執筆するにいたったのは、何よりも自分で縄文時代の大枠をつかみたかったからであり、そして自身に弾みをつけ、自らの研究姿勢を確認したかったからでもある。

研究というのは、仕事の側面と趣味的な側面の両方を併せ持っていると思う。どんなものでもとことんまで突きつめれば、趣味の領域に入ってくるからだ。だから、好きなようにやればいいと思うこともあるのだが、純粋に自分がいま好きなことだけをやっていては研究にならない。少なくとも自分の横にいる人がどんなことをやっているのか、そして共同研究まで話を進めていくには自分が何を勉強しなければいけないのかといったことを常に意識しておかないといけないと思う。

縄文人骨に関する仕事は、やりたい研究者が多いため、やや競争が激しいところもあるといわれる。知り合いの研究者の一人は、「縄文時代でやると大変だよ」といって、あまり人気のない、競争相手のいない時代にしているという。

ところで、縄文人骨に関する調査をするようになって、実はドキドキすることが少なくなかった。それは、私の頭がオーソドックスな考古学用になっていない（土器用になっていないともいうか）ということだ。もともと縄文時代が専門ではないから、大まかな時期はわかるにしても、細かな議論などできっこないし、ひやひやの連続だった。そんなときお会いしたある先輩が、「もう人生の半分は終わっているんだ。時間も限られているから、自分の専門に徹した方がいい。なんでもかんでもはできないよ」というものだった。私は土器の論文を書いてこなかったし、これからも書くことはないと思う。しかし、ありがたいことに遺跡からでてきた人骨、及びそこから考察を進めていく仕事・研究はできているようだ。これは、自分なりの自分ならではのスタンスを大事にしてきたからだろうと自負しておこう。そして、いつまでそう思えるかわからないけれど、それは世界でたった一つ、私にしかできない研究なのだろう。おそらく、自分なりのスタンスを持っている研究者はみな、こう思っているに違いない。

「考古学をはじめたきっかけは何ですか」と聞かれることがある。私はこれと同じ質問を、石器の研究をしている大学院生にしてみた。すると私と同じく、頼りない答えしか返ってこなかった。要するに「たまたま」やっている人も多いのだ。むしろ仰々しい理由を持っている人の方は、この分野には、向かない、続かないのかもしれない。

研究といってもやっていることの一つ一つはびっくりするほど小さいし、地味である。しかし、その小さな一つ一つに喜びを感じられる人、こういう人は研究を続けていける。いろいろあるけれど、これからも小さな幸せをかみ締めつつ、研究を進めていきたい仕事をしながら、やれることをコツコツとやっていくのが自分の精神衛生上とてもいいと実感している この頃である。

本書における内容の一部は、明治大学学術フロンティア「環境変遷史と人類活動に関する学際的研究（研究代表者：杉原重夫）」、明治大学研究・知財戦略機構人文科学研究所総合研究「縄文時代における動植物遺存体の季節性および年代情報と遺跡形成に関する学際的研究（研究代表者：阿部芳朗）」、及び文部科学省科学研究費挑戦的萌芽研究「日本考古学における古病理学的研究の定着と進展（研究課題番号１０４４０１７４、研究代表者：谷畑美帆）」に関するものである。

本書を出版するに当たっては吉川弘文館の上野純一氏、並木隆氏に大変お世話になった。また、執筆に当たっては、左記の研究機関、及び左記の方々にお世話になりました。記して感謝の意を表する（敬称略、五十音順）。

市川市考古学博物館、茨城県教育財団、英国自然博物館、九州大学総合研究博物館、東京大学総合研究博物館、取手市教育委員会、船橋市教育委員会、美浦村教育委員会

阿部芳郎、石川日出志、岩永省三、江崎靖隆、川村勝、草野潤平、栗島義明、栗原薫子、駒澤悦郎、佐宗亜衣子、白石真理、杉原重夫、鈴木隆雄、鈴木素行、諏訪元、大工原豊、田中良之、樋泉岳二、中橋孝博、中村哲也、馬場信子、道上文、宮内良隆、宮代栄一、山田克樹、吉田邦夫、領塚正浩、若狭徹、アヌシュ＝メルコンヤン、エマ＝ボンド、シルビア＝ベロ、ロバート＝クニュルスキー

二〇一〇年二月

谷　畑　美　帆

著者紹介

京都市に生まれる
明治大学文学部史学地理学科考古学専攻卒業
東京藝術大学大学院芸術学科保存科学専攻修了（学術博士）
日本学術振興会特別研究員、英国自然史博物館古生物部門特別研究員、北里大学一般教育部特別研究員等を経て
現在、明治大学文学部兼任講師、同大学院日本古代学教育研究センター研究推進員、NPO法人スケルトン研究機構理事

主要著書
考古学のための古人骨調査マニュアル（共著）
出土遺物の応急処理マニュアル（共訳）
江戸八百八町に骨が舞う

歴史文化ライブラリー
293

O脚だったかもしれない縄文人
人骨は語る

二〇一〇年（平成二十二）四月一日　第一刷発行

著　者　谷《たに》畑《はた》美《み》帆《ほ》

発行者　前田求恭

発行所　株式会社 吉川弘文館
東京都文京区本郷七丁目二番八号
郵便番号一一三―〇〇三三
電話〇三―三八一三―九一五一〈代表〉
振替口座〇〇一〇〇―五―二四四
http://www.yoshikawa-k.co.jp/

印刷＝株式会社 平文社
製本＝ナショナル製本協同組合
装幀＝清水良洋・黒瀬章夫

歴史文化ライブラリー

1996.10

刊行のことば

現今の日本および国際社会は、さまざまな面で大変動の時代を迎えておりますが、近づきつつある二十一世紀は人類史の到達点として、物質的な繁栄のみならず文化や自然・社会環境を謳歌できる平和な社会でなければなりません。しかしながら高度成長・技術革新にともなう急激な変貌は「自己本位な刹那主義」の風潮を生みだし、先人が築いてきた歴史や文化に学ぶ余裕もなく、いまだ明るい人類の将来が展望できていないようにも見えます。このような状況を踏まえ、よりよい二十一世紀社会を築くために、人類誕生から現在に至る「人類の遺産・教訓」としてのあらゆる分野の歴史と文化を「歴史文化ライブラリー」として刊行することといたしました。

小社は、安政四年（一八五七）の創業以来、一貫して歴史学を中心とした専門出版社として書籍を刊行しつづけてまいりました。その経験を生かし、学問成果にもとづいた本叢書を刊行し社会的要請に応えて行きたいと考えております。

現代は、マスメディアが発達した高度情報化社会といわれますが、私どもはあくまでも活字を主体とした出版こそ、ものの本質を考える基礎と信じ、本叢書をとおして社会に訴えてまいりたいと思います。これから生まれでる一冊一冊が、それぞれの読者を知的冒険の旅へと誘い、希望に満ちた人類の未来を構築する糧となれば幸いです。

吉川弘文館

〈オンデマンド版〉
O脚だったかもしれない縄文人
人骨は語る

歴史文化ライブラリー
293

2019年（令和元）9月1日　発行

著　者　谷《たに》畑《はた》美《み》帆《ほ》
発行者　吉川道郎
発行所　株式会社　吉川弘文館
〒113-0033　東京都文京区本郷7丁目2番8号
TEL　03-3813-9151〈代表〉
URL　http://www.yoshikawa-k.co.jp/

印刷・製本　大日本印刷株式会社
装　幀　清水良洋・宮崎萌美

ISBN978-4-642-75693-8